Maria W. M. Schmitt

Auf der Suche nach den Engeln

Maria W. M. Schmitt

AUF DER SUCHE NACH DEN ENGELN

Erlebnisse aus der Engel-Sprechstunde

Aquamarin Verlag

Wichtiger Hinweis

Der Inhalt dieses Buches wurde mit größter Sorgfalt und nach bestem Wissen und Gewissen erstellt, gleichwohl übernimmt weder die Autorin noch der Verlag eine Haftung für die Vollständigkeit und Richtigkeit der in diesem Buch enthaltenen Angaben.

Die Hinweise und Texte in diesem Buch ersetzen keine von ihrem Arzt oder Heilpraktiker verordneten Behandlungen/Therapien. Weder die Autorin noch der Verlag übernehmen eine Haftung für Schäden jeglicher Art, die durch die Nutzung der Buchinhalte und die Missachtung dieses Hinweises entstehen sollten.

Originalausgabe
1. Auflage 2009

Voglherd 1 • D-85567 Grafing
www.aquamarin-verlag.de

Umschlaggestaltung: Annette Wagner

Druck: Bercker • Kevelaer

ISBN 978-3-89427-540-2

Inhalt

Vorwort 7

TEIL 1
Auf der Suche nach den Engeln 8
Begegnung mit einem Engel 9
Meine Ferneinweihung: 14
Persönliche Einweihung / Vor-Ort-Einweihung: 15
Engel im Alten Testament 21
Engel als Erscheinungsform „Gottes“ 23
Engel als Boten Gottes und als Mittler 24
zwischen Gott und den Menschen 24
Seraphim und Cherubim (Kerubim) 25
Die Namen der Engel im Alten Testament 27
Gabriel 28
Michael 29
Raphael 31
Uriel 33
Engel im Neuen Testament 34
Die Erschaffung der Engel 36
Engel-Hierarchien 37
Die neun Chöre der seligen Geister / Engelchöre 37
Christliche Engel-Berichte
in der modernen Zeit 42
Schutzengel 46
Die Christliche Bedeutung der Schutzengel 49
Engel in der Ostkirche 52
Engel im Islam 60
Schutzgeister und Seelenbegleiter in 62
verschiedenen Kulturen und Religionen 62

TEIL 2

Bedeutung / Deutung der Engel
in der modernen Esoterik 65
Sternzeichen und ihre zugehörigen Engel: 66
Geburtsengel / Schutzengel 79
Die 72 Engel der Kabbalah – eine moderne
esoterische Beschreibung 83
Engel und ihre zugehörigen
Düfte, Farben, Heilsteine und Symbole 113
Engel und ihre zugehörigen
Bäume, Blumen, Gewürze und Heilpflanzen 117
Engel und ihre zugehöriges
Element, Metall, Tier und Vogel 119
Engelnamen von A – Z 120

Schlusswort 260
Quellenhinweis: 263

Vorwort

In diesem Buch befinden sich meine Gedanken über bestimmte Themen und Antworten, die ich für mich gefunden habe. Diese Antworten unterliegen auch für mich einem stetigen Wandel, da ich mich immer wieder neu mit mir und meiner Umwelt auseinandersetze. Wichtig ist nur, dass ich in meinem Herzen fühle, was für mich stimmig ist, damit ich mir im Spiegel in meine Augen schauen und sagen kann: „Ja, das hast du richtig gemacht. Du bist deinen Werten treu geblieben."

Es ist so viel Unterschiedliches über Engel aus den verschiedensten Blickwinkeln geschrieben worden. Auch diese Buch beschreibt meine Sicht der Dinge, meine Erlebnisse und meine Erfahrungen. Ich möchte nur alle Leser anregen, eigene Erfahrungen zu machen und nicht alles als gegeben hinzunehmen, was auf Papier gedruckt ist.

Für mich persönlich sind die alten Schriften die ergiebigeren Informationsquellen, da hier ein sehr alter Erfahrungsschatz weitergegeben wird. Dieses sehr alte Wissen plus die eigene Intuition und die selbst durchlebten Erfahrungen öffnen das Herz und die eigene Sicht auf die Größe und die Liebe Gottes. Ein Bild dieser unendlichen Liebe sind all die Engel, die uns täglich umgeben.

Ich möchte Sie nun einladen, mich auf meiner Reise „Auf der Suche nach den Engeln" zu begleiten.

Teil 1

Auf der Suche nach den Engeln

Ein Baum,
der mit seiner Krone in die Richtung
des Himmels (Lichts) strebt
und sich dort verästelt, wächst und gedeiht,
sollte eine genauso stark ausgeprägte Verwurzelung
und Verzweigung in der Erde haben,
damit er nicht das Gleichgewicht verliert und umfällt.

Die spirituell wachsenden Menschen,
die geistig nach Höherem streben,
sollten sinnvollerweise ihren Weg
mit beiden Beinen fest auf dem Boden gehen,
damit sie ihr Gleichgewicht
und den Boden unter ihren Füßen nicht verlieren.
Wäre es Sinn und Zweck unseres Lebens,
in höheren Sphären zu schweben,
dann wären wir wohl kaum hier auf Erden!

Maria W. M. Schmitt

Begegnung mit einem Engel

Es ist so viel über Engel geschrieben worden, dass dies häufig zu Verwirrungen führt. Auch mich hat dies einst sehr irritiert. Ich gehörte bis vor ein paar Jahren nicht zu den Menschen, die ihre Gefühle offen zeigen, denn Gefühle zu zeigen oder gar in Tränen auszubrechen, war als Jugendliche und als junge Erwachsene für mich ein Zeichen der Schwäche. Heute weiß ich, dass nur „wer Schwäche zeigen kann, wirklich stark ist". Jedoch kam das für mich, zu dem damaligen Zeitpunkt, nicht in Frage. Bereits zwei kleine Tränchen, die sich aus meinen Augenwinkeln herausschlichen, waren mir mehr als unangenehm. So baute ich eine harte Schale um mich herum auf, um mich zu schützen. Dies sollte sich im Laufe meines Lebens ändern.

Durch schwer zu ertragende Schicksalsschläge, im Jahr 1996, bekam die von mir so mühsam aufgebaute harte Schale starke Risse, die ich aber noch mit eisernem Willen zusammenhielt. Ich erlitt in diesem Jahr zwei Fehlgeburten, und diese furchtbaren Erlebnisse änderten mein Leben schlagartig! Ich begab mich auf die Suche nach dem „Warum?" „Warum passiert das ausgerechnet mir?" „Was habe ich getan, dass ich so bestraft werde?" „Habe ich etwas falsch gemacht?" Und es gab noch viele Fragen mehr. Zu diesem Zeitpunkt war ich noch selbstständige Friseurmeisterin, und als ich einer Kundin, sie war Heilpraktikerin, meinen Kummer anvertraute, gab sie mir die Antwort: „Die Seelen der Kinder suchen sich ihre Eltern aus ..." Das war wie ein Schlag mitten ins Gesicht. Ich wollte doch nur verstehen, warum das alles geschah, und nicht noch tiefer verletzt werden. Diese Antwort weckte in mir noch mehr das Gefühl, etwas falsch gemacht zu haben. Schlimmer noch, ich hatte das erste Mal das Gefühl, ein schlechter Mensch zu sein, ein Mensch, der es nicht verdient hatte, die Freude der Mutterschaft zu erleben. Das war ganz schön hart für mich, denn die Schlagzeilen in den Medien berichteten sehr viel über ausgesetzte Babys, getötete Babys, misshandelte Kinder usw. Mir stellte sich die Frage: „Wenn das stimmen sollte, dass die Seelen der Kinder sich ihre Eltern aussuchen, warum suchten sie sich Gewalt, Vernachlässigung, Tod und mangelnde Liebe aus?“ Ich konnte die Welt um mich herum nicht mehr verstehen!

Ich wollte begreifen, warum dies alles geschah. Am sinnvollsten erschien es mir, mich mit dem menschlichen Körper und seinen physikalischen Funktionen auseinanderzusetzen. So begann ich, mich für alles zu interessieren, was mit dem Thema Naturheilkunde zu tun hatte, und meldete mich Ende 1998 in einer Schule für Naturheilkunde an, um ein Abendstudium zu besuchen, welches werktags und an einzelnen Wochenenden stattfinden sollte. Abendstudium plus mein Geschäft, lernen plus Buchführung, Mitarbeiterführung, Auszubildende betreuen und ausbilden, Kundenbetreuung, Kassenbericht erstellen, Wochenendseminare, Vertretergespräche etc. waren auf Dauer für mich nicht miteinander zu vereinbaren. So entschied ich mich 1999, nach vielen Gesprächen mit meinem damaligen Ehemann, mein Geschäft zu verkaufen, um in ein Vollzeitstudium zu wechseln und später dann eine Praxis für Homöopathie zu eröffnen. Heute weiß ich, dass das nicht der wahre Grund war. In Wahrheit war ich auf der Suche nach Antworten, Antworten, die mir bisher niemand geben konnte.

Ende 1999, in der Weihnachtszeit, hatte sich eine Bekannte von mir zu einer Familienaufstellung (Systemische Therapie) angemeldet, und ich sagte ganz spontan: „Ich komme mit.“ Ich hatte überhaupt keine Ahnung, was da auf mich zukommen würde, und war mehr als erstaunt, als das erste Thema, welches durch eine mir völlig unbekannte Teilnehmerin aufgestellt wurde, der Verlust eines Kindes war. Da brach meine harte Schale das erste Mal auf, und ich konnte meine Tränen nicht mehr aufhalten. Ich weinte wahre Sturzbäche. Natürlich war ich sehr schockiert über diesen Ausbruch, denn mir war nicht bewusst, wie viel emotionalen Schmerz ich einfach ignoriert und unbearbeitet in meinem Herzen versteckt hatte. Gott sei Dank hatte ich das große Glück, zu Hause von einem liebevollen Ehemann aufgefangen zu werden.

An einem Abend, in der ersten Januarwoche 2000, saß ich weinend unter dem Weihnachtsbaum und öffnete mich das erste Mal wirklich der Trauer um den Verlust unserer Kinder. Durch meine halbgeöffneten, tränennassen Augen blickte ich auf den Boden unseres Wohnzimmers. Plötzlich wurde mir bewusst, dass ich da vor mir etwas glitzern sah. Es sah aus wie ein weißer glitzernder Stoff, auf dem mit glänzendem Garn Symbole gestickt waren. Ganz langsam schaute ich nach oben – und da sah ich für Sekunden einen Engel vor mir stehen, der fast den ganzen Raum mit seiner Ausstrahlung ausfüllte. Das Licht im Raum, die Farben, einfach alles um mich herum hatte in diesen Sekunden eine völlig andere Qualität. Ich wurde ganz ruhig, fühlte mich beschützt, geliebt und geborgen.

Die nächsten beiden Tage befand ich mich in einem seltsamen Zustand. Für dieses Gefühl habe ich den Ausdruck „gehimmelt“ entdeckt, da es mein Empfinden am besten beschreibt. Ich fühlte mich wie in Watte gepackt, auf einer anderen Seinsebene, einer anderen energetischen Ebene. Nach wie vor waren die Farben und das Licht um mich herum, welches ich wahrnahm, in einer anderen Qualität. Oft hatte ich das Gefühl, von Engelsflügeln umarmt zu sein.

Ich traute mich nicht, mit jemandem darüber zu sprechen, denn sehr schnell wird man in die unterschiedlichsten Schubladen gesteckt, die nicht wirklich dazu beitragen, seine Gefühle und Erlebnisse zu äußern. In meiner überschwänglichen Freude über diese Begegnung vertraute ich mich dennoch einer Bekannten an, die sich mit esoterischen Themen beschäftigte und bereits sehr viele Seminare besucht hatte. Doch ich erlebte eine böse Überraschung. Ich durfte erfahren, dass mir diese Freundschaft schriftlich gekündigt wurde, mit der Begründung, ich hätte mich sehr verändert. Dieses war nicht das einzige und wahrscheinlich auch nicht das letzte Erlebnis in dieser Richtung, deshalb habe ich lange überlegt, ob ich bereit bin, darüber zu schreiben, denn meine bisherigen Erfahrungen, offen und ehrlich über meine Erlebnisse zu sprechen, waren nicht immer die positivsten. Da ich weiß, dass es viele Menschen mit ähnlichen Erlebnissen gibt, die mit niemandem darüber reden können und so das Gefühl haben, alleine auf der Welt zu sein, habe ich mich entschieden, einen kleinen Teil meiner Geschichte zu erzählen.

Nun hatte ich dieses wunderbare Erlebnis, aber ich wusste nicht, *warum* ich dieses Erlebnis haben durfte, auch nicht, welchen Engel ich gesehen hatte, denn er sah nicht so aus, wie ich mir einen Engel vorstellte. Er sah auch nicht so aus, wie die berühmten Maler die „Boten Gottes" gemalt haben. Dort, wo uns auf den zahlreichen Gemälden ein engelsgleiches Gesicht anschaut, befand sich bei dem Engel, den ich sehen durfte, strahlend helles, vibrierendes Licht.

Ich bin von Natur aus ein sehr neugieriger Mensch, deshalb begab ich mich auf die *Suche nach den Engeln*. Welchen Engel durfte ich sehen? Welche Bedeutung hatte dieses Erlebnis? Und es gab noch viele Fragen mehr. Esoterische Lehrer, denen ich diese Fragen stellte, gaben mir viele verschiedene Antworten auf dieselben Fragen. „Es war ein Trostengel." Hm, hörte sich logisch an, ich war ja in diesem Moment sehr traurig. „Es war ein Meditationsengel, da du in einer anderen Bewusstseinsebene warst." Auch das entbehrt nicht einer gewissen Logik. „Es war ein Initiationsengel." Ok, was ist denn das? Hörte sich auf jeden Fall spannend an. Dennoch fühlten sich alle diese Antworten in meinem Bauch nicht richtig an. Vielleicht ist dies nur geschehen, um dieses Buch zu schreiben und uns alle ein bisschen zum Nachdenken anzuregen – wer weiß!

Auf der Suche nach den Engeln, auf der Suche nach Antworten, verschlang ich ein Buch nach dem anderen. Doch statt Antworten zu finden, verwirrte mich das, was ich in den unterschiedlichsten Büchern las, immer mehr. Keine einzige Beschreibung in den vielen esoterischen Büchern, die ich las, passte auf mein Erlebnis, auf den Engel, den ich sehen durfte, und auch nicht auf die Engel, die mich von diesem Zeitpunkt an in meinen Träumen und meinen Meditationen begleiteten.

Ich fand unter anderem folgende Beschreibungen: Von Menschen, die einmal Engel waren, nun auf Erden leben und aufgrund ihrer körperlichen Beschaffenheit als Engel identifiziert werden können. – Engel, die ganze Bücher diktieren. – Engel, die mir einen Parkplatz beschaffen. – Engel, die mir sagen, was ich tun soll, um etwas Bestimmtes zu erreichen. – Engel, denen ein bestimmter Farbstrahl zugeordnet ist. – Engel, die man an bestimmten Düften erkennt. – Engel, die meine Probleme lösen. – Engel, die in Schutzengel für Sternzeichen eingeteilt und mit Namen benannt werden. – Tierkreiszeichenengel – und vieles mehr. So sagte eine Frau zu mir, die ich auf einem Seminar traf: „Ich kenne den Namen deines Schutzengels, du brauchst mir nur dein Geburtsdatum sagen." Das fand ich irgendwie merkwürdig. Dann haben alle, die am gleichen Tag geboren sind, also denselben Schutzengel. Das fühlte sich für mich völlig unstimmig an! Dennoch wollte ich natürlich mehr darüber erfahren. Alle diese Beschreibungen aus den vielen von mir gelesenen Büchern waren nicht meine Erlebnisse, nicht meine Erfahrungen, deshalb kann ich darüber nicht urteilen. Vieles ergab für mich keinen Sinn und fühlte sich in meinem Bauch und in meinem Herzen sehr merkwürdig an. Also suchte ich weiter.

So entdeckte ich die Möglichkeit, sich von verschiedenen Engel-Medien oder von verschiedenen sogenannten spirituellen LehrerInnen oder MeisterInnen unter anderem auch in die verschiedensten Engel-Energien einweihen zu lassen. Da gibt es „Sammel-Einweihungen", dabei wird man innerhalb einer Einweihung in viele verschiedene Engel-Energien gleichzeitig oder in einer „Einzeleinweihung" in eine einzelne Engel-Energie eingeweiht. In welche, das kann man sich aussuchen. Klar, das habe ich auch mitgemacht, ich wollte ja so viel wie irgend möglich erfahren und erleben. Wie das funktioniert? Ganz einfach. Über die Ferne oder persönlich vor Ort! Ich habe beides ausprobiert.

Meine Ferneinweihung:

1. Zuerst bekommt man schriftliche Unterlagen von seinem „Lehrer", seiner „Lehrerin" zugeschickt, welche man durcharbeiten muss. Der Nachteil liegt auf der Hand: Vor Ort wären die offenen Fragen sofort zu klären.

2. Per Telefon oder auch nur per E-Mail wird ein Termin für die Einweihung abgestimmt. (Ich erhielt eine Einweihung, bei der ich kein einziges Mal einen persönlichen Kontakt mit meinem „Lehrer" hatte.)

3. … mache es Dir so gemütlich wie möglich, schmücke deinen von dir ausgesuchten Raum (Schlafzimmer, Wohnzimmer, …) für deine Einweihung. Sorge dafür, dass du 30 – 60 Minuten nicht gestört wirst, stelle Telefon und Klingel ab.

4. … versuche 15 Minuten vor dem vereinbarten Termin zu entspannen. Spiele leichte Entspannungsmusik, zünde Räucherstäbchen und Kerzen an. Entspanne deinen gesamten Körper und deinen Geist.

5. Zu der ausgemachten Zeit bekunde: „Ich bin nun bereit, die Einweihung in … (Name des Engels / der Engelenergie) … zu empfangen, die mir von … (Name des Einweihenden) … gesendet wird."

6. Schließe die Augen und lasse den Kontakt zu, den dein Lehrer hergestellt hat.

7. Nachdem du spürst, dass die Verbindung geendet hat, bedanke dich bei den Engeln und stehe langsam auf. … Alle Engel sind nun für dich abrufbar (ähnlich einer telefonischen Standleitung).

Ich fand diese Einweihungen sehr entspannend. Ich fühlte auch jedes Mal „Energie“, die um mich herum vibrierte, aber das war eigentlich nichts Neues. Die Bilder, die Farben und Symbole, die ich während der Einweihung vor meinem geistigen Auge wahrnahm, waren mir auch nicht unbekannt. Ich wollte doch mehr erfahren, Neues erleben und lernen. Vielleicht würde es ja besser mit einer persönlichen Einweihung funktionieren. Deshalb entschied ich mich auch dazu.

Persönliche Einweihung / Vor-Ort-Einweihung:

1. Das schriftliche Material wird erklärt und gemeinsam durchgearbeitet.

2. Generell ist der Ablauf ähnlich der Ferneinweihung, nur eben vor Ort, z.B. in den Räumlichkeiten des Engel-Mediums. Hier geschieht die rituelle Einweihung durch die Anwesenheit und direkte Handlungen des Lehrers, der Lehrerin.

3. Man sitzt auf einem Stuhl, die Augen sind geschlossen und die Hände sind mit den Handflächen vor dem Herzen aneinandergelegt, so wie bei einem Gebet, oder die Hände liegen mit den Handflächen nach oben auf den Oberschenkeln.

4. Meditative Musik läuft leise im Hintergrund. Der Raum wurde vor der Einweihung durch Räucherwerk und Ähnliches energetisch gereinigt.

5. Die Lehrerin verbindet sich mit der universellen Energie bzw. mit den ausgewählten Engel-Energien. Dann werden die Aura und die Energiekanäle des Einzuweihenden gereinigt. Je nach Einweihung zeichnet der Lehrer einige Symbole in die Aura, um so dauerhaft eine energetische Verbindung mit den Engel-Energien zu erschaffen. (Bei der Ferneinweihung geschieht

dies durch den Lehrer mittels der Kraft der Gedanken, durch Imagination.)

6. Man kann die verschiedensten Empfindungen dabei haben: Ein Kribbeln irgendwo im Körper, manchmal ein Wärmegefühl in den Händen oder im ganzen Körper. Es besteht die Möglichkeit, Farben, Symbole oder Bilder vor dem geistigen Auge zu empfangen.

7. Wenn man überhaupt nichts merkt, so funktioniert die Einweihung trotzdem.

8. … nachdem der Lehrer, die Lehrerin, die Verbindung beendet hat, bedanke dich bei den Engeln und stehe langsam auf. … Alle Engel sind nun für dich abrufbar. Nach dieser Einweihung soll man über einen Regenbogen mit allen Engeln verbunden sein und sich die „Leitung“ zu den Engeln stabilisieren.

Das hört sich doch alles richtig gut an! Oder?

Die Schutzengel-Einweihung ist genauso wenig ein biblisches Ritual wie die Einweihungen in andere Engel-Energien. Für mich waren es sehr spannende Erfahrungen, auch wenn ich dem Engel aus meinem Erlebnis vom Januar 2000 hier nicht begegnete.

Für den interessierten Leser habe ich im zweiten Teil des Buches „Engel und ihre Bedeutung in der modernen Esoterik“ Listen mit den verschiedensten Namen der Schutzengel, Tierkreiszeichenengel etc. zusammengestellt. Sie können ähnliche Listen und Tabellen auf den verschiedensten Seiten im Internet finden oder bekommen sie bei einer Einweihung.

Ich fand diese Erfahrungen äußerst spannend. Bedauerlicherweise brachten mir alle diese Einweihungen keinerlei Erleuchtung, keinerlei für mich neues spirituelles Wissen; und um ehrlich zu sein, es bereicherte mich in keiner Weise. Es eröffneten sich mir nur noch mehr Fragen. Wer hatte mit diesen Engel-Einweihungen begonnen und wer gab die dazu notwendige Handlungsvollmacht? Kann ich überhaupt in eine Energie eingeweiht werden, die ja sowieso im Universum zur Verfügung steht, in die Energie einer rein geistigen Wesenheit? Bedeutet „Einweihung" nicht die Vermittlung geheimen Wissens? Vielleicht waren meine Erwartungen einfach zu hoch! Um einen Schritt weiter zu kommen, recherchierte ich nun erst einmal den Begriff „Einweihung".

Einweihung bedeutet laut Duden (u.a.): „Jemanden von einer Sache (die man als geheim oder ähnliches betrachtet) in Kenntnis setzen, ihn über etwas informieren." Ich recherchierte weiter und erfuhr Folgendes.

In den alten Mysterienschulen war die „Intuition", das „Wissen", die „totale Erkenntnis" und die damit verbundene „Erleuchtung" das höchste zu erreichende Ziel. Dies erlangten die SchülerInnen durch Arbeit an sich selbst, durch Gebet und Meditation. Sie entdeckten sehr schnell, dass innerer Frieden und Lauterkeit (Uneigennützigkeit) Voraussetzungen sind für eine Verbindung mit dem Himmel. Durch die unterschiedlichsten Übungen und Schulungen, denen sich die SchülerInnen unterziehen mussten, erlangten sie Einblicke in höhere Welten. Alle Ebenen des eigenen Lebens mussten im Vorfeld geordnet sein, damit die SchülerInnen in der Lage waren, die große Verantwortung, die eine wahre Erleuchtung mit sich bringt, übernehmen und auch tragen zu können. Durch die rituellen Einweihungen, die höchsten Stufen einer Geheimschulung, sollten den Einzuweihenden das Wissen und das Können zuteil werden, welches sie ohne Einweihung erst in einer sehr fernen Zukunft, eventuell sogar erst in einem anderen Leben, auf einem ganz anderen Wege und in einer anderen Form oder unter ganz anderen Verhältnissen erfahren würden. Die Worte, Symbole und Bewegungsabläufe während der rituellen Einweihung zielten darauf ab, den Geist der Einzuweihenden aus der Welt der sinnlichen Wahrnehmung in die des wahren Wissens zu führen, um letztendlich Erleuchtung zu erlangen.

Die Art der Einweihungen, die ich empfangen hatte, entsprach nicht meinen Vorstellungen einer Einweihung. Ich bekam keinerlei geheimes Wissen vermittelt, und auf das Wichtigste, auf die Arbeit an der eigenen Charakterbildung, der Persönlichkeitsentwicklung, wurde von den meisten Lehrern, die ich kennenlernte, kein Wert gelegt. Es gibt eben doch keinen Zauberstab, der mich berührt und ich bin erleuchtet. Wir können nur selbst an unserer Persönlichkeitsentfaltung arbeiten, es gibt niemanden, der uns diesen Weg abnehmen kann. Wenn wir wirklich bereit sind, uns selbst zu entwickeln, dann finden wir die Lehrer, die uns bei diesem Entwicklungsprozess begleiten.

Während all dieser Überlegungen fielen mir „zufällig" folgende Worte aus dem Talmud in die Hände, die ich an dieser Stelle sehr passend finde.

„Achte auf Deine Gedanken,
denn sie werden Worte,
achte auf Deine Worte,
denn sie werden Handlungen,
achte auf Deine Handlungen,
denn sie werden Gewohnheiten,
achte auf Deine Gewohnheiten,
denn sie werden Dein Charakter,
achte auf deinen Charakter,
denn er wird Dein Schicksal."
(Talmud)

In den Einweihungen fand ich meine Antworten nicht, also suchte ich weiter. Ich besuchte viele Seminare zu den Themen „Engel" und „Medialität", mit dem Gedanken, wenn ich meine eigene Medialität förderte, d.h. alle meine Hellsinne schulte, dann müsste der Kontakt zu den Engeln doch wesentlich einfacher werden. Leider war dem nicht so. Manchmal hatte ich das Gefühl, je eifriger ich auf der Suche war, je mehr ich lernen wollte, desto schwächer wurden meine Wahrnehmungen, und der Kontakt während meiner Träume und meiner Meditationen nahm ab. Ich blockierte mich mit meiner verbissenen Suche selber und ließ zu, dass ich von den Erzählungen und Wahrnehmungen anderer geblendet wurde.

Ich war sehr erstaunt und irritiert über die vielen offensichtlichen Engel-Kontakte, die die verschiedensten Menschen, die ich auf Seminaren kennenlernte oder deren Bücher ich las, regelmäßig hatten. Da beantworteten die Engeln ganz locker Fragen, die ihnen über das Leben und den Tod gestellt wurden, Hindernisse wurden aus dem Weg geräumt, ein Parkplatz vor der Türe freigehalten, Ratschläge im Umgang mit den Mitmenschen gegeben, ja sogar ganze Bücher wurden diktiert. Es wurde mit Engeln geheilt, das Universum wurde erklärt, Ernährungsratschläge gegeben usw. Ich wurde immer verwirrter. Alle diese Beschreibungen und Erlebnisse, die scheinbar viele Menschen teilten, hatten keine Ähnlichkeit mit meinem Erlebnis. Hatte ich mir das alles nur eingebildet? Nein! Wäre mein Erlebnis meinem Wunschdenken entsprungen, dann hätte ich mit Sicherheit den weißgewandeten Engel mit lieblichem Gesicht und schneeweißen Flügeln gesehen, der mich auf den Gemälden der alten Meister anlächelt.

Leider sehe und höre ich auch bis zum heutigen Tage, dass der Kontakt zu den Engeln sehr oft auf eine Ebene gestellt wird, die so sicherlich nicht gewollt und nicht gesund ist. Ich beobachte immer wieder, dass es Menschen gibt, die ihre Eigenverantwortung abgeben und sie den Engeln oder anderen geistigen Helfern anlasten. So erlebte ich z.B. auf einem Seminar, dass eine Teilnehmerin sagte „… da muss ich erst die Engel fragen, ob es in Ordnung ist, mit dir einen Kaffee zu trinken“ oder „ … die Geistige Welt kann mich ja nicht im Stich lassen, denn sie wissen ja, dass ich für sie arbeiten möchte“. Dieses Verhalten möchte ich nicht fördern, denn das empfinde ich persönlich als sehr ungesund. Die Engel sind immer an unserer Seite, aber sie nehmen uns nie unsere Eigenverantwortung ab. Sie lösen auch nicht unsere Probleme, denn diese Probleme sind „Wachstumsprozesse“. Wir sollten uns stets vor Augen halten, dass wir die Verantwortung für unsere Gedanken, Worte, Taten und die daraus resultierenden Ergebnisse selber tragen.

Für mich bedeutet der Kontakt mit den Engeln etwas, was auf der Herzensebene, der Gefühlsebene, stattfindet und nur in seltenen Fällen bildhaft, d.h visuell, geschieht. Auf meinem Weg spürte ich immer wieder die schützende Liebe der Engel um mich herum. Stand ich vor einem für mich scheinbar unlösbaren Problem oder stellte ich ihnen eine Frage, so führten sie mich immer an die Orte in mir oder im Äußeren, an denen ich meine Antworten finden konnte.

Da ich meine Antworten in der Esoterik nicht erhielt, begab ich mich auf die Reise zum Ursprung der Engel.

Engel im Alten Testament

Ich habe mir nie die Frage gestellt: „Gibt es Engel?" Ich weiß nicht warum, aber sie gehörten immer zu meiner Realität, auch wenn ich mich als Jugendliche und junge Erwachsene mehr auf Partys und beruflichen Erfolg konzentrierte. Es gibt bei den meisten Menschen eine Zeit, in der es unmodern bzw. uncool ist, zu beten und sich zu einem Glauben zu bekennen. Das wird als weltfremd und nicht bodenständig angesehen. Davon blieb auch ich nicht verschont.

Als Kind war für mich zweifelsfrei klar, dass „Gott" mein himmlischer Vater ist, der mich so liebt, wie ich bin, und deshalb auch nicht bestraft, egal welchen Streich ich nun wieder ausgeheckt habe, auch dann nicht, wenn ich etwas beichten muss. So setzte ich mich nach der Beichte, die als Vorbereitung auf meine erste heilige Kommunion diente, auf eine Kirchenbank und sprach mit Gott. „Lieber Gott, du bist mein Vater. Ich weiß, du liebst mich so, wie ich bin, warum solltest du mich also bestrafen." Nein, ich bekam keine verbale Antwort, aber ich fühlte mich immer geliebt, beschützt und geborgen. Manchmal hatte ich das Gefühl, dass Gott schmunzelte. Genauso selbstverständlich waren die Engel für mich real. Für mich sind sie ein Ausdruck der Liebe Gottes, und sie waren einfach immer um mich und um alle Menschen herum.

An all das erinnerte ich mich wieder und suchte nun nach anderen Quellen, um Informationen über die Engel zu bekommen. Die Bibel komplett durchzulesen, mich in eine alte Sprache, in einen mir fremden Lebensstil und eine alte Denkweise einzufühlen, war mir dann ehrlich gesagt zu kompliziert, und so fielen mir, wie so oft, auf wundersame Weise genau die passenden Bücher in die Hände, die mir weiterhalfen, meinen Geist anregten und mir die notwendigen Textstellen in der Bibel aufzeigten, in denen ich die alten Überlieferungen über die Boten Gottes nachlesen konnte.

Ich weiß, wenn ich jetzt mit der Bibel anfange, kommen diverse Einwände, dass die Bibel ja schon viele Mal übersetzt ist und deshalb nicht mehr der Wahrheit entspricht usw. Diese Einwände kommen meist von genau den Menschen, die ebenfalls eine Freude daran haben, Texte zu verändern, so dass die alten Worte für sie stimmig sind. Ich weiß nicht, wie oft ich mittlerweile eine geänderte Fassung des „Vaterunsers" gehört habe. Warum tun sie das? Um ihrer Interpretation der alten Worte, ihrem Gefühl, einen Ausdruck zu verleihen? Wie oft werden die Neuauflagen unserer modernen Bücher überarbeitet, weil sich neue Erkenntnisse offenbart haben, die Lehrmeinung geändert hat etc.

Die Bibel besteht aus vielen Teilen, die aus unterschiedlichen Zeiten stammen. Die biblische Sprache ist die Sprache der Menschen, die zu jener Zeit gelebt haben. Sie wurde zum Teil überarbeitet, und aus diesem Grunde spiegelt sie die Sprache und die Einstellung der Menschen aus der jeweiligen Zeit wider. Das bedeutet jedoch nicht, dass der Kern der Bibel nicht mehr dem Ursprung entspricht.

In der Bibel gibt es viele Stellen, sehr alte Überlieferungen, in denen die Engel erwähnt werden. Als ich mich mit den Engel-Beschreibungen in der Bibel auseinandersetzte, staunte ich nicht schlecht, dass ich nirgendwo den weißgewandeten Engel mit Flügeln entdecken konnte.

Das Wort „Engel" leitet sich aus dem Lateinischen „angelus" ab. „Angelus" (lateinisch) und „angelos" (griechisch) bedeutet „Bote" oder „Gesandter". Engel, so wie wir sie verstehen, werden in den Schriften des alten Testaments immer die „Boten Gottes" genannt.

Als ich mich nun mit den in den diversen Büchern angegeben frühen Texten des Alten Testaments beschäftigte, wurde ich darauf aufmerksam gemacht, das das Äußere der Engel anfangs gar nicht beschrieben wurde. Oft hatte ich das Empfinden, die Engel dienten hauptsächlich als Sprachrohr für Gott. In den Büchern wurde erwähnt, dass Gott sich durch die Engel zeigte, da er einem

Menschen nur verhüllt erscheinen kann. Engel als direkte Erscheinungsform Gottes, das verwirrte mich sehr, hatte ich doch bisher die Engel als vollkommen eigenständige Wesen betrachtet. Dennoch regte sich in mir etwas, was diese Beschreibung annehmen konnte. Waren die Engel meiner Kindheit nicht ein Ausdruck der Liebe Gottes? Es taten sich wieder eine Menge neuer Fragen auf. Durch die vielen esoterischen Bücher, die ich gelesen hatte, hatte ich mir ein gänzlich anderes Bild über die Engel gemacht. Dieses esoterisch geprägte Bild passte ebenso wenig auf die Engel meiner Kindheit wie auf die Beschreibungen in der Bibel oder anderen religiösen Quellen.

Hier einige Beispiele:

Engel als Erscheinungsform „Gottes"

Mose weidete die Schafe und Ziegen seines Schwiegervaters Jitro, des Priesters von Midian. Eines Tages trieb er das Vieh über die Steppe hinaus und kam zum Gottesberg Horeb. Dort erschien ihm der Engel des Herrn in einer Flamme, die aus einem Dornbusch emporschlug. Er schaute hin: Da brannte der Dornbusch und verbrannte doch nicht. Mose sagte: Ich will dorthin gehen und mir die außergewöhnliche Erscheinung ansehen. Warum verbrennt denn der Dornbusch nicht? Als der Herr sah, dass Mose näher kam, um sich das anzusehen, rief Gott ihm aus dem Dornbusch zu: Mose, Mose! Er antwortete: Hier bin ich. (Exodus 3 – 3,5) *Hier wird von dem Engel des Herrn in einer Flamme geschrieben, liest man weiter, entdeckt man, dass Gott aus den Flammen zu Mose spricht.*

Engel als Boten Gottes und als Mittler zwischen Gott und den Menschen

Im Alten Testament, in der sogenannten Königszeit, wird das erste Mal beschrieben, das Elija nur noch den Engel, den Boten Gottes, der in Gottes Auftrag handelte, sehen und fühlen konnte. Der Engel ist nicht mehr die direkte Erscheinungsform Gottes. Im Alten Testament steht geschrieben, dass die Menschen zu dieser Zeit nach einem König verlangten. So wie ein König seine Beamten als Mittler zwischen sich und seinen Untertanen nutzt, so umgibt sich Gott mit seinen Heerscharen, die als Boten zwischen ihm und den Menschen wirken. Engel, überirdische Wesen, die von Gott geschaffen sind, aber ähnlich wie Menschen als eigenständige Wesen existieren und einen eigenen Willen haben, der sich sogar gegen Gott richten kann. Dadurch rückte Gott, auf Wunsch der Menschen, für sie in weite Ferne des Himmels. Hier hatte nun eine Trennung zwischen Gott, den Engeln und den Menschen stattgefunden. Das kam dem schon näher, was ich in den neueren Büchern gelesen hatte. Durch diese Trennung wurden den Engeln nun neue Aufgaben zugewiesen.

In der Spätzeit ist Gott, in dem Bewusstsein der Menschen, in sehr weite Ferne gerückt. Hier wird der Hofstaat Gottes beschrieben mit den Worten: „Tausendmal Tausende dienten ihm, Zehntausendmal Zehntausende standen vor ihm." Wir entdecken nun auch die Beschreibung des Gottes-Dienstes der Engel – in der Verehrung des Höchsten.

Im Buch Daniel wird ein „Angelus interpres", ein „Deute-Engel" (Übersetzer/Dolmetscher), erwähnt, dessen Aufgabe auch darin bestand, Daniel die Vorgänge zu deuten. So finden wir nun, bis zu diesem Zeitpunkt, schon mehrere Aufgaben der Engel: Als Boten zwischen Gott und den Menschen, als Anbeter des Höchsten und als Deuter der Vorgänge. Ebenfalls entdecken wir hier eine kurze Erwähnung der „Abstufung der Engel".

Aus Erzählungen in der Frühzeit des AT lässt sich bereits eine beschützende Funktion der Engel herleiten, aber erst in der Spätzeit finden wir Texte, die uns beschreiben, dass die Engel vom Himmel hinabstiegen, um Menschen zu begleiten und für sie zu sorgen. Hier prägt sich unser Bild der Engel als Begleiter und Beschützer der Menschheit im Auftrag Gottes. In all diesen Erzählungen werden nicht die Engel angebetet, sondern Gott wird um Hilfe gebeten, der dann seine Engel zur Rettung schickt. So finden wir die Dankesgebete ebenfalls an Gott gerichtet.

Wie sollte ich nun alle diese neuen Informationen mit dem, was ich bisher gelesen hatte, und mit meinem Erlebnis in Verbindung bringen? Und wo waren nun unsere weißgewandeten Engel mit Flügeln? In meinem Kopf fuhren meine Gedanken Achterbahn.

Seraphim und Cherubim (Kerubim)

Im Alten Testament werden nur die „Boten Gottes" als Engel bezeichnet, nicht aber jene überirdischen Wesen, die der göttlichen Weltregierung dienen. Nur die Seraphim und die Cherubim werden als überirdische Wesen mit Flügeln beschrieben.

Unter den neun Engelchören (außerbiblische Überlieferung) stehen die *Seraphim* an erster Stelle. Sie stehen Gott am nächsten und lobpreisen Gottes Herrlichkeit ohne Unterlass. Nach Jesaja besitzen Sie sechs Flügel sowie zwei Hände und zwei Füße. Mit zwei Flügeln bedecken sie ihr Gesicht, mit zwei Flügeln bedecken sie ihre Füße und mit zwei Flügeln fliegen sie.

Sucht man nach der Bedeutung des Wortes Seraph (hebr. Singular) / Seraphim (hebr. Plural), so findet man leicht abweichende Beschreibungen, da die Herkunft und Bedeutung des Wortes umstritten sind. Einerseits vermutet man, der Begriff Seraph sei persischer Herkunft und bezeichnet hier eine Tiergestalt mit Schlangenköpfen. Andererseits finden wir eine Beschreibung des Ursprungs einer hebräischen Wortwurzel, die das aktive Entzünden, Brennen bezeichnet. Wie dem auch sei, in den Seraphim erkennen wir überirdische Wesen, die glühen vom Feuer der ekstatischen Liebe zu Gott.

Franz von Assisi wurde der Legende nach von einem Seraph stigmatisiert. Ich finde auch hierzu passt die Beschreibung der Seraphim als „Entzünder" sehr gut. An Stelle des Wortes „entzünden" könnte man auch einige der folgenden sinnverwandten Worte benutzen: Anzünden, erhellen, erleuchten, entfachen ... , um die Auswirkung dieser himmlischen Begegnung zu beschreiben.

An zweiter Stelle der neun Engelchöre finden wir die *Cherubim* (hebr. Plural / von Cherub), sie werden in der Bibel sehr häufig erwähnt:

- „Er vertrieb den Menschen und stellte östlich des Gartens von Eden die Cherubim auf und das lodernde Flammenschwert, damit sie den Weg zum Baum des Lebens bewachten." (Genesis 3, 24) Hier wird die Schutzfunktion der cherubim dargestellt.

- Die Bundeslade wurde nach der Anweisung JHWHs mit zwei Cherubim-Statuen verziert. (Exodus 25, 17 – 21) Hier werden die Cherubim als „Träger des Thrones Gottes" vorgestellt.

- Die Vision des Propheten Ezechiel (Ezechiel 1, 4 – 28), zusammen mit Ezechiel Kapitel 10, gibt uns eine genaue Beschreibung der Cherubim.
  - menschenähnliches Wesen in aufrechter Haltung
  - vier Köpfe mit vier unterschiedlichen Gesichtern: Ein Menschengesicht mit Blick nach vorne; ein Löwengesicht mit Blick nach rechts; ein Stiergesicht mit Blick nach links und ein Adlergesicht mit Blick nach hinten
  - vier Flügel, mit zwei bedecken sie ihren Leib
  - Menschenhände
  - voller Augen
  - Stierfüße

Von den Boten Gottes, den Engeln, so wie wir sie in unserer modernen Zeit verstehen, gibt es keinerlei Beschreibung. Es wird in den biblischen Texten immer nur das angegeben, was für die Erfüllung ihrer derzeitigen Aufgabe von Bedeutung war. In der Frühzeit waren die Engel ein Erscheinungsbild des unsichtbaren Gottes. Erst im Laufe der Zeit sah der Mensch die Engel als etwas von Gott Getrenntes, und so entfernten sich die Menschen immer mehr von Gott.

Die Namen der Engel im Alten Testament

Im Alten Testament werden nur drei Engel namentlich genannt. *Gabriel* und *Michael* im Buch Daniel, *Rafael* im Buch Tobit.

Im ersten Buch Henoch, welches heute zu den Apokryphen zählt, wird noch ein vierter Engel namentlich erwähnt, *Uriel.*

- Gabriel: „Gott ist stark"
- Michael: „Wer ist wie Gott"
- Rafael: „Gott heilt"
- Uriel: „Gott ist Licht"

In dem Buch „Lexikon der Engel" von Albert J. Urban las ich eine sehr schöne Erklärung über die Bedeutung der Engelnamen, die ich hier gerne wiedergeben möchte.
„Dass wir es bei diesen Namen nicht mit Eigennamen im engeren Sinne zu tun haben, sondern mit Namen, die als kleine Sätze etwas über Gott aussagen, können wir wieder dahingehend deuten, dass bis zur Zeit der Entstehung der Schriften des Alten Testaments Engel immer als „mal´âk JHWHs" („Bote Gottes") verstanden wurden, also nicht als eigenständige Wesen, sondern als die Erscheinung seiner Herrlichkeit."

Gabriel

Fürst des achten Chores, Erzengel der Erkenntnis, Licht der Erlösung und der Auferstehung. Er sendet die Kraft der Veränderung und der Erneuerung aus.

Gabriel gehört zu den Sieben, die vor dem Thron Gottes stehen. Manche Theologen sehen in ihm einen Seraph (Zacharias: „Ich bin Gabriel, der vor Gott steht.")

In der Kunst wird er oft mit einer Lilie oder einer Posaune dargestellt.

Die Etymologie des Namens Gabriel entzweit die Gelehrten, und so finden wir leicht abweichende Bedeutungen des Namens: „Gott ist stark", „Gott ist Kraft", „Gott ist meine Kraft", „Mein Vertrauen ist in Gott".

Gabriel ist der Engel der Verkündigung, der Bote der Menschwerdung und der Fürsprecher bei „Unseren lieben Frau".

Er erscheint oft den Propheten, um ihnen ihre Vision zu erklären.

Folgende Aufgaben werden ihm zugewiesen:

- Die unermessliche und stete Achtung vor Gottes Werk dehnt Gabriel auf alle Kreaturen und auf alles aus, sogar auf jene, die seine Verachtung und seine Missbilligung verdienen würden.
- Er spricht liebevoll und voller Achtung mit allen Kreaturen.
- Er erklärt Visionen.
- Er dient Gott, indem er ihm hilft, das Heil der Menschheit zu realisieren.
- Er besitzt die Macht gegen Dämonen und steht somit in dem Ruf, als Exorzist zu dienen.
- Sein besonderer Schutz gilt den Verehrern der Mutter Gottes.
- Er steht denen bei, die körperlich und seelisch leiden.
- Er ist der Engel des guten Todes.
- Er bewirkt Heilungsgnaden.

Darstellung:

Gabriel wird als Verkündigungsengel mit Stab und Lilie oder mit Weltkugel und Zepter dargestellt.

Gebet zu Gabriel:

Heiliger Erzengel Gabriel,
du Bote der Barmherzigkeit Gottes
an die armen Menschenkinder,
der du die allerseligste Jungfrau
mit den Worten:
„Gegrüßet seist du, Maria, voll der Gnade“
grüßen durftest
und von ihr eine so demutsvolle Antwort empfingst,
du großer Beschützer der Seelen,
hilf uns,
treue Nachahmer ihrer Demut
und ihres Gehorsams zu werden.
(Gebet von Pater Lamy)

Michael

Michael ist der barmherzigste aller Engel, sein Herz ist erfüllt mit einer unerschöpflichen Liebe. Er wird auch der „Engelfürst des Friedens“ genannt. Die schönsten Siege, die Michael zu erringen hilft, finden wir auf den verborgenen Schlachtfeldern der Seelen. Er ist der Führer der Seelen auf dem Weg in die Ewigkeit.

Sein Name bedeutet: „Wer ist wie Gott.“

Er sitzt zur Rechten des Altars der Wohlgerüche.

- Er ist der Befehlshaber der Armeen des Herrn.
- Engel des Kampfes und des Sieges
- Engel der Mystik; er ist trunken vor Liebe zu Gott.
- Michael wählt vor der Geburt eines jeden Menschen seinen Schutzengel aus, der ihn während seines Erdenlebens begleitet.
- Er ist der Beschützer und Wächter all jener, die nach seinem Beispiel gegen die Hölle kämpfen.
- Er ist der Engel der Verteidiger der Kirche.
- Er ist der Bannerträger Christi.
- Er ist der Schutzherr des christlichen Glaubens.
- Führer der Seelen in die Ewigkeit
- Er ist ein Exorzist; er bannt und vernichtet das Böse.

Darstellung:

Michael wird meist in einem langen weißen Gewand, mit Flügeln, Lanze und feurigem Schwert dargestellt. Andere Darstellungen zeigen ihn als Seelenführer mit der Seelenwaage oder auch in der Ritterrüstung als Streiter gegen Luzifer.

Gebete zu Michael:

Heiliger Erzengel Michael,
beschirme uns im Kampfe, beschütze uns gegen die Bosheit und die Nachstellungen des bösen Feindes. Ihm möge Gott gebieten, so flehen wir inständig.
Du aber, Fürst der himmlischen Heerscharen,
wollest den Satan und die anderen bösen Geister,
die zum Verderben der Seelen in der Welt umhergehen,
mit Gottes Kraft in die Hölle hinabstoßen.
Amen.

Seliger Sankt Michael, Fürstengel unseres Herrn Jesus Christus, komm zu Hilfe vor dem allerheiligsten Richter diesem kranken Menschen, der in den letzten Nöten sich müht.
O du unüberwindlicher Kämpfer,
steh ihm nun bei und beschirme ihn kräftig
vor dem höllischen Drachen und vor aller Falschheit des bösen Geistes. Auch bitte ich dich, du wunderherrlicher Diener der höchsten Gottheit, dass du in der letzten Stunde dieses kranken Menschen Seele gütig und linde empfangest und sie führest an die Stätte der Labung, des Friedens und der ewigen Ruhe.
Amen.

Das Wiedererwachen eines tiefen Glaubens
an die kraftgewaltigen heiligen Engel
ist ein Fingerzeig der göttlichen Vorsehung in unserer Zeit.
(Papst Paul VI.)

Raphael (Rafael)

Sein Name bedeutet: „Gott heilt."

Cornelius de Lapis vertritt die Meinung, dass „Raphael" ein Seraph ist, da Raphael sich im Buch Tobit als einer der „Sieben" vorstellt, die immer vor „Gottes Thron" stehen. Anhänger des Thomas von Aquin hingegen ordnen Raphael auf den Platz eines Fürsten des neunten Chores ein, als Meister der Schutzengel.

Raphael ist der Engel der Wunderheilungen.

- Er bringt des Menschen Gebete vor Gott.
- Er ist ein Exorzist.
- Mittlerschaft zur Weihung der „Heiligen Öle"
- Beschützer der Reisenden und Pilger
- Er beschützt die Verlobten und Jungvermählten.

- Regelt kaufmännische Angelegenheiten.
- Unfehlbarer Helfer in allen Alltagsschwierigkeiten, vor allem bei finanziellen Problemen.

Darstellung:

Raphael wird meist als Pilger mit Wanderstab und Kalebasse dargestellt.

Gebet zu Raphael:

Glorreicher Erzengel Raphael, du großer Fürst der himmlischen Heerscharen,
nimm unser Gebet gütig an.
Man nennt dich Heilmittel Gottes, also Arzt der geistigen und körperlichen Krankheiten, vor allem für jene, die der Mensch nicht heilen kann.
Sicherer Begleiter der Reisenden, Zuflucht und Schutz der Gefährdeten, wirksamer und mächtiger Befreier des Menschen von den bösen Geistern, schau gnädig auf uns!
Und wie du einst Tobias Familie so sorgsam beschützt hast, so sei auch zu uns gütig und barmherzig.
Sei uns Führer und getreuer Begleiter auf dem schweren Lebensweg, damit wir mit dir die ewige Seligkeit genießen können.
Amen.

Himmlischer Arzt, hl. Erzengel Raphael, mit deinem Lichte erleuchte uns, mit deinem Flügel beschütze uns, mit deinem Heilmittel heile uns!

Uriel

Sein Name bedeutet: „ Gott ist Licht."
Uriel, auch als Phanuel bekannt, wird in der Bibel nicht namentlich genannt, jedoch im ersten Buch Henoch, welches heute zu den Apokryphen zählt, als vierter Engel erwähnt. Er gilt als einer der Seraphim, die ständig Gott umgeben.

- Er ist der Vorsteher der Hölle, er verschließt den Abgrund, in dem die gefallenen Engel verwahrt werden.
- Er kündigte Noah die Sinflut an.
- Er geleitet die Verstorbenen zum Jüngsten Gericht.
- Er leuchtet den Suchenden den Weg in der Finsternis.
- Er inspiriert die Menschen an Wendepunkten.
- Hüter des physischen Körpers

Gebet zu Uriel:

St.Uriel,
umgib uns mit deinem Feuerkranz.
Komm uns zu Hilfe
mit deiner Himmelsschar.
Und lehr uns handeln,
wie Jesus hier auf Erden war.
Amen.

Engel im Neuen Testament

Durch die Trennung von Gott bekamen die Engel ein vielfältiges Aufgabengebiet.
Engel sind Verkünder und Mittler zwischen Gott und den Menschen:

- Verheißung der Geburt „Johannes des Täufers“ durch Gabriel (Lk 1, 11-20)
- Die Verkündigung der Geburt „Jesu“ durch Gabriel (Lk 1, 26-38)
- Traum des Josef (Mt 1, 18-24) „ … Während er noch darüber nachdachte, erschien ihm ein Engel des Herrn im Traum …“
- Verkündigung der Geburt „Jesu“ an die Hirten (Lk 2, 8-20) „ … Da trat der Engel des Herrn zu ihnen und der Glanz des Herrn umstrahlte sie …“
- Zwei Engel am leeren Grab Jesu (Lk 24, 1-7) „ … Während sie ratlos dastanden, traten zwei Männer in leuchtenden Gewändern zu ihnen. …“
- Die Himmelfahrt Jesu (Apg 1, 9-11) „ … Während sie unverwandt ihm nach zum Himmel emporschauten, standen plötzlich zwei Männer in weißen Gewändern bei ihnen …“

Engel als Begleiter und Beschützer:

- Traum Josefs / Flucht nach Ägypten (Mt 2, 13-15) „ …erschien dem Josef im Traum ein Engel des Herrn und sagte: Steh auf, nimm das Kind und seine Mutter und flieh nach Ägypten, …“
- Traum Josefs / Rückkehr aus Ägypten (Mt 2, 19-20) „ …erschien dem Josef in Ägypten ein Engel des Herrn im Traum und sagte: Steh auf, nimm das Kind und seine Mutter und zieh in das Land Israel …“

- Das Gebet am Ölberg (Lk 22, 39-46) „ … Vater, wenn du willst, nimm diesen Kelch von mir! Aber nicht mein, sondern dein Wille geschehe. Da erschien ihm ein Engel vom Himmel und gab ihm (neue) Kraft. …“
- Verhaftung und Befreiung der Apostel (Apg 5, 17-21a) „ …Ein Engel des Herrn aber öffnete nachts die Gefängnistore, führte sie heraus und sagte: Geht, tretet im Tempel auf und verkündet dem Volk alle Worte dieses Lebens! …“
- Die wunderbare Befreiung des Petrus (Apg 12, 6-19a) „ … Plötzlich trat ein Engel des Herrn ein, und ein helles Licht strahlte in den Raum. Er stieß Petrus in die Seite, weckte ihn und sagte: Schnell steh auf! Da fielen die Ketten von seinen Händen. …“
- Apostel Paulus im Seesturm (Apg 27, 23-26) „ … Denn in dieser Nacht ist ein Engel des Gottes, dem ich gehöre und dem ich diene, zu mir gekommen und hat gesagt: Fürchte dich nicht, Paulus! …“

Auch im Neuen Testament wird das Aussehen der Engel nicht genauer beschrieben. Die Engel des Herrn erscheinen plötzlich und unerwartet, und genauso plötzlich sind sie nicht mehr zu sehen. Das wenige, was geschrieben steht, deutet auf Wesen in menschlicher Gestalt hin, in strahlend weißen Gewändern, mit einem Strahlen umgeben – und manchmal scheinen sie im Raum zu schweben. Hier finde ich meine Vorstellung von weißgewandeten Wesen, aber immer noch ohne Flügel.

Erst sehr viel später hat man die Fähigkeit der Engel zu fliegen, d.h. das plötzliche Auftauchen und Verschwinden, mit der Beschreibung der Seraphim und Cherubim in Verbindung gebracht und so allen Engeln Flügel verliehen. Wie sollten die Menschen sich sonst die grenzenlose Beweglichkeit, die Schnelligkeit und die Aufhebung der Raum- und Zeitgrenze erklären. Das konnten nur Gottes geflügelte Engel.

Die Erschaffung der Engel

Viele Geschichten ranken sich um die Erschaffung der Engel. Die Kirchenväter und Theologen der jüdisch-christlichen Traditionen sind sich über den Zeitpunkt der Erschaffung immer unschlüssig gewesen. In der Bibel findet sich kein Text, aus dem sich der Zeitpunkt der Erschaffung der Engel zweifelsfrei herleiten lässt. Die Angaben, die wir in außerbiblischen Schriften finden können, sind sehr unterschiedlich, und so kommt es zu verschiedenen Interpretationen. Hier einige Beispiele, die mit der Erschaffung der Engel in Verbindung gebracht werden.

- „Im Anfang schuf Gott Himmel und Erde; .... Gott sprach: Es werde Licht. Und es wurde Licht. ..." (Gen 1, 1- 4)
- „Der Herr, der in Ewigkeit lebt, hat alles insgesamt erschaffen, ..." (Sir 18,1)
- „Am ersten Tag schuf er die Himmel droben, die Erde und die Gewässer, ebenso alle Geister, die vor ihm dienen. ..." (Jub 2,2)

Ich fand in den Büchern, die ich las, als mögliche Erschaffungstage den ersten, den dritten und den sechsten Schöpfungstag. Aber ist das wirklich wichtig?

Machte es für mich nun einen Unterschied, ob die Engel am ersten, dritten oder am sechsten Tag erschaffen wurden? Nein! Ich begab mich weiter auf die Suche nach den Engeln.

Engel-Hierarchien

Preis euch, heilige Engel,
Hüter der Völker,
deren Gebilde in eurem Antlitz sich spiegelt;
Erzengel,
die ihr die Seelen der Heiligen traget empor,
euch, Kräfte und Mächte und Fürstentümer, Herrschaften,
Throne,
die zum Geheimnis der Fünfzahl ihr schließt den heiligen Ring;
und euch Serafim,
die Siegel ihr seid der Geheimnisse Gottes;
leuchtende Kerubim, flammende Serafim,
Lobpreis sei euch!
(Hildegard von Bingen 1098-1179)

Die neun Chöre der seligen Geister / Engelchöre

Erste Triade / Ordnung ⇨ Sie sind die „Assistenten Gottes"

1. *Seraphim* ◆ Entflammer / Entzünder
Da die Seraphim dem Thron Gottes am nächsten stehen, sind sie ununterbrochen von der Liebe Gottes entflammt. Sie brennen in der Liebe zu Gott. Ihre Aussendung besteht darin, diese Gottesliebe dem gesamten Universum mitzuteilen. Sie lobpreisen Gottes Herrlichkeit ohne Unterlass. Die Seraphim läutern durch Feuer. Diese Läuterungen werden durch die Mittlerschaft verschiedener Engel der unteren Chöre durchgeführt. Eine weitere Aufgabe der Seraphim ist es, die Seelen mit Liebe zu entflammen und in ihnen alles auszulöschen, was ihre Gleichartigkeit mit Gott verhindert.
Der hl. Franziskus beschreibt den Engel, der ihm die Stigmata

als Geschenk und Antwort auf sein Gebet brachte, als einen Seraph mit strahlenden, feurigen Flügeln, der aus den Höhen des Himmels zu ihm hinabkam.

2. *Cherubim* ◆ „Vollkommenheit der Gotteserkenntnis"
Die Cherubim glänzen und funkeln in der Vollkommenheit der Gotteserkenntnis. Sie sind fortdauernd in der Anbetung und Kontemplation Gottes versunken und werden als die Engel des Glaubens geachtet. Als Engel der Erkenntnis sind sie die Wächter der Geheimnisse Gottes und bewachen den Eingang zum Garten Eden. Die Cherubim sind die Beschützer der heiligen Stätten. Sie sind die bevorzugten Werkzeuge der göttlichen Offenbarung.

3. *Throne* ◆ Sie tragen als Feuerflammen den „Thron Gottes".
Die Throne sind in der Gottesliebe und in der göttlichen Erkenntnis entbrannt. Gott zu tragen, ist ihre Aufgabe. Sie tragen Gott zu den Seelen, denen er sich durch sie und die anderen Engel mitteilen möchte. Sie führen die Entscheidungen seiner Gerechtigkeit aus und verkünden sein Erbarmen. Sie werden als die Engel der Hoffnung geachtet.

Die Engel der ersten Triade werden unmittelbar von Gott erleuchtet.

Zweite Triade / Ordnung ⇨ Sie werden in der Engel-Hierarchie auch „Engel-Minister" genannt.

4. *Herrschaften / Tugenden* ◆ mit der obersten Autorität Gottes ausgestattet
Die Herrschaften möchten nur für Gott leben, ihm dienen und ihn lieben. Sie möchten Gott, soweit es irgend möglich ist, in seiner Vollkommenheit ähneln, ihm nachfolgen. Dieses Streben nach der Ähnlichkeit der göttlichen Vollkommenheit befreit sie sowohl von der Versuchung der Überlegenheit als auch

von der Versuchung der Knechtschaft. Den unteren Chören vermitteln sie somit die Unerlässlichkeit, Gott nachzuahmen, um tiefer mit ihm vereint zu sein. Klugheit und Gerechtigkeit sind die göttlichen Tugenden der Herrschaften. Sie schützen die Seelen gegen Überdruss, Depression und Niedergeschlagenheit.
Die Herrschaften unterstehen den Engeln der ersten Triade, denen sie aus eigener freier Entscheidung gehorchen, denn sie wissen, dass sie Gott dienen.

5. *Mächte / Kräfte* ◆ unbeugsamer Mut, der die überirdische Kraft auf gottgleiche Weise hervorbringt.
Die Aufgabe der Mächte besteht hauptsächlich darin, darauf zu achten, dass die kosmischen Kräfte einen guten Verlauf nehmen, so wie es Gottes Wille entspricht. So beobachten sie und regulieren das energetische Kraftpotenzial des Universums in Gottes Sinne. Sie können bewirken, dass sich ein Unwetter legt, oder der Trockenheit ein Ende setzen, da sie allen vier Elementen (Wasser, Erde, Feuer, Luft) im Auftrage Gottes gebieten. Manchmal werden die Mächte angerufen, um den Menschen Mut und Kraft zu geben. Sie unterstützen die reuigen Sünder, ihre Verfehlungen zu berichtigen. Sie werden durchströmt von der Weisheit und der Liebe Gottes.

6. *Gewalten*
Die Gewalten werden auch als Gottes Kriegsengel bezeichnet, da ihre Hauptaufgabe darin besteht, die Legionen Luzifers, die auf der Erde ihr Unwesen treiben, entgegenzuwirken. Sie gehören zu den Exorzisten in Gottes Auftrag und stellen ein Gleichgewicht der Kräfte her. Die Gewalten hindern die gefallenen böswilligen Engel daran, auffällige Zeichen und Wunder zu wirken, mit denen leichtgläubige Menschen allzu schnell geblendet würden. Geduld ist eine ihrer Tugenden. Sie werden manchmal gerufen, um Wut zu besänftigen.

Dritte Triade / Ordnung ⇨ Ihre Aufgabe besteht darin, Gottes Befehle unverzüglich bei allen Menschen auszuführen. Ihre Macht ist auf Gemeinschaften, Orte, Personen, Pflanzen und Tiere beschränkt.

7. *Fürstentümer*
   Die Fürstentümer sind die Schutzengel der Völker, Nationen und Städte. Sie richten ihre Schützlinge auf das Gute, geben den Verantwortlichen der Gemeinden Entscheidungen ein, die im Einklang mit Gottes Gesetzen stehen, und durchkreuzen so die beständigen Versuchungen Luzifers und seiner Gehilfen. Man nennt die Fürstentümer auch die Engel des Gebetes.

8. *Erzengel* ◆ Haupt- oder Kommandant der Engel
   Die Hauptaufgabe der Erzengel besteht darin, Merkmale und Besonderheiten des allgemeinen Verständnisses zu den Themen Glaube, ethische Gesinnung, Gottesverehrung usw. zu enthüllen. Sie sind die Schutzengel der Menschen, die auf religiösen Gebieten große Verantwortung tragen. Sie stellen die wirkende Kraft Gottes dar.

9. *Engel*
   Sie sind die Interpreten des göttlichen Willens. Sie vermitteln den Menschen alle Gaben und Tugenden, die sie durch die höheren Chöre und somit durch Gott erhalten. Die Schutzengel werden aus diesem neunten Chor gewählt.

Bei den Herrschaften, Mächten, Gewalten und Fürstentümern kann man eine abweichende Reihenfolge in der Literatur finden, da man nicht weiß, ob Paulus in seiner Aufzählung (Kol 1,16) diese vier Chöre von unten nach oben oder von oben nach unten aufzählte. Der Grundgedanke bleibt jedoch unberührt, dass es eine Hierarchie, eine Stufenordnung, in der Engelwelt gibt, in der die einen näher zu Gott stehen als die anderen und die höherstehenden Chöre die unteren Chöre leiten. So weiht Gott die Seraphim und die Throne am tiefsten in seine Pläne ein und gibt ihnen den Auftrag, was geschehen soll. Die beiden eingeweihten Chöre delegieren nun die Aufgabe entsprechend an die nachfolgenden Chöre, so werden die Aufgaben bis hin zum ersten Chor aufgeteilt und von den entsprechenden Engeln in den jeweiligen Chören mit großer Bereitwilligkeit und Freude ausgeführt.

Christliche Engel-Berichte in der modernen Zeit

Abbé Lamy wurde als Jean-Edouard Lamy 1853 in Pailly, in der Haute-Marne, geboren. Er vernahm schon sehr früh den Ruf Gottes. Sein Leben war von einer seltenen Vertrautheit mit der unsichtbaren Welt geprägt. So hatte er das Privileg, seinen Schutzengel, die verschiedensten Engel, die Mutter Gottes und das mystische Lamm zu sehen. Er war sehr vertraut mit den Engeln, die ihn, in seinen späteren Jahren, fast jeden Abend zur selben Stunde besuchten. In einem Gespräch mit Graf Paul Biver beschreibt Abbé Lamy das Aussehen der Engel folgendermaßen.

„Die Engel sind von ihrer Erscheinung her viel schöner als die Mutter Gottes. Mit den schönen Lichtreflexen, die unablässig auf ihren weißen Gewändern hin- und herfunkeln, sehen sie neben Maria, die so schlicht ist, wie prächtige Offiziere aus. Ich habe niemals Flügel an ihnen gesehen. Sie sehen immer wie junge Leute aus. Auf ihrem Antlitz ist immer das Wohlwollen zu sehen, das sie für die Menschen empfinden, während die Dämonen hart, schroff und wild aussehen."

Pater Pio

Pater Pio wurde am 25. Mai 1887 in Pietrelcina (Süditalien) geboren und auf den Namen Francesco getauft. Schon als Kind hatte er eine stark ausgeprägte Sensibilität für das Übernatürliche. So konnte er seltsame Dinge und Wesen wahrnehmen, die sonst niemand aus der Familie sehen konnte. Bereits als Fünfjähriger gelobte er dem heiligen Franziskus von Assisi ewige Treue. Er betete viel und innig, hin- und hergerissen zwischen dem sogenannten weltlichen Leben und einem Leben für Gott. In diesem Zwiespalt der Gefühle ermunterten himmlische Wesen ihn darin, seiner Berufung zu folgen. Sein Schutzengel war dabei stets an seiner Seite.

Als eifriger Ministrant sah er die Mutter Gottes und heilige Engel um den Altar herumstehen, sprach aber mit niemandem darüber, da er davon ausging, dass alle Besucher der heiligen Messe diese Wahrnehmungen hatten.

Da Pater Pio eine sehr innige Beziehung nicht nur zu den Engeln Gottes hatte, würde die Aufzählung all dieser Begegnungen und Erlebnisse den Rahmen dieses Buches sprengen. Ich möchte hier einige wenige aufzählen, weil ich die Beschreibungen als Bereicherung empfinde.

- „ ... Auf der einen Seite standen engelhafte Wesen mit strahlend schönen Gesichtern, ...“ (Dieser Satz stammt aus einer Vision, in der Pater Pio Gewissheit über seine Berufung fand.)

- Es wird berichtet, dass Pater Pios Schutzengel, der Gefährte seiner Kindheit, wie er ihn nennt, ständig an seiner Seite war und ihm sogar den Inhalt fremdsprachiger Briefe in seine Sprache übersetzte und ihm zuflüsterte.

- Aus einem Brief von Pater Pio an Raffaelina Cerase: „Im Augenblick des Todes wird Deine Seele den Engel sehen, der Dich durchs Leben geleitet hat und Dir so viel mütterliche Fürsorge hat zukommen lassen ...“

- Pater Pio sagte zu Carmela Marocchino: „Du kannst deinen Schutzengel zu jeder Tages- und Nachtzeit zu mir schicken. Ich werde immer froh sein, ihn zu empfangen.“

Fra Elia

Elia wurde am 22. Februar 1962 in Apulien unter einem Olivenbaum geboren. Ab seinem siebten Lebensjahr begann er, jedes Jahr im Frühling über Appetitlosigkeit und Übelkeit zu klagen. Er konnte sich kaum auf seinen Beinen halten und magerte so stark ab, dass er in ein Krankenhaus eingeliefert werden musste. Der Grund für sein Leiden wurde nicht gefunden, und so diagnostizierten die Ärzte Wachstumsstörungen oder neurovegetative Störungen. Jedesmal nach Ostern erholte sich Elia wieder. Zu dieser Zeit sah Elia das erste Mal Engel, kleine lachende Kinderköpfe mit zwei Flügelchen an den Seiten.

Elias Schutzengel

Eines Tages erschien ihm, im strahlenden Licht, ein wahrhaft großer Engel, ganz in ein elfenbeinfarbenes Gewand gekleidet, der mit sanftem Lächeln sagte „Ich bin Lechitiel, dein Schutzengel, ich werde immer bei dir sein, dich führen und vor allem Bösen schützen." Von diesem Tage an war Elia nie mehr alleine.

Mechthild Thaller-Schönwerth

Mechthild von Schönwerth wurde am 30. März 1868 geboren. Ihre Mutter mochte ihr Kind nicht, da die Geburt sehr schwierig verlief und das Leben der Mutter gefährdete. Mechthilds Mutter, die nur Söhne haben wollte, beachtete die Tochter nicht und ließ sie innerhalb der Familie in Einsamkeit aufwachsen. Bereits im Alter von vier Jahren konnte Mechthild ihren Schutzengel sehen. Ihre Mädchenjahre verbrachte sie in der Pfarrei St. Ludwig in München. Bei ihrer Aufnahme in die Gebetsvereinigung des seligen Grignion von Montfort erhielt sie den Namen „Magdalena vom Kreuz". Heute wird sie auch „die Vertraute der Engel genannt". Ihre zahlreichen Engel-Begegnungen und -beschreibungen hier aufzuzählen, würde ebenfalls den Rahmen dieses Buches sprengen. Die Mystikerin erkannte die Engel der verschiedenen Chöre anhand der Farben ihrer Gewänder:

- „ … Heute Morgen, um drei Uhr, habe ich den heiligen Erzengel Raphael gesehen. Er war sehr einfach, wie ein Pilger, gekleidet. Aber sein Antlitz strahlte eine große Majestät aus, verbunden mit außerordentlicher Güte. …“

- „… Sankt Michaels Schönheit ist von gewaltiger Erhabenheit, er ist gerüstet wie ein Grieche. …“

- „… Sankt Gabriel ist der Abgesandte des Heiligen Geistes, er trägt ein priesterliches Gewand, eine Albe mit Stola. …“

- „… Die Gewalten (die Engel des sechsten Chores) haben als Gewand eine Albe und eine Dalmatika (liturgisches Gewand der christlichen Kirchen), die je nach Tugenden derjenigen, denen sie dienen, von verschiedener Farbe sind. …“

- „… Das Gewand der Fürstentümer (die Engel des siebten Chores) ist amethystfarben, darüber tragen sie einen kostbar mit Edelsteinen verzierten Mantel, ihre Krone besteht aus einem geschlossenen Diadem mit zwei Sternen. …“

- „… Das Antlitz der Engel des Engelchores der Herrschaften leuchtet wie die Sonne. Sie tragen ein weißes, mit Edelsteinen verziertes Gewand, in ihrer rechten Hand ein Zepter und auf ihrer Brust ein Schild mit dem Namen Gottes. …“

- „… Die Engel des Engelchores der Throne tragen an ihrer rechten Hand einen glänzenden Ring und auf ihren Köpfen eine geschlossene leuchtende Krone. Ihr Gewand ist golden und der Mantel leuchtend. …“

- „… Das Gewand der Cherubim besteht aus strahlendem reinen Licht, welches mit Feuer gegürtet ist. In ihrer Rechten halten sie ein Schwert, bestehend aus einer Feuerklinge. Sonnenstrahlen bilden ihre Krone. …“

Schutzengel

Im Frühjahr 1990 fuhr ich mit einer Mitarbeiterin (ich nenne sie hier C.) in den Schwarzwald, um an einem Seminarwochenende teilzunehmen. Es war ein sonniger Tag mit strahlendblauem Himmel. Mir ging es sehr gut. Ich hatte eine tolle Wohnung, mein Geschäft lief ausgezeichnet und ich war frisch verliebt. So fuhr ich mit C. in meinem alten silbergrauen Ford Escort auf schnellstem Weg Richtung Schwarzwald. Von Köln kommend, fährt man schon ein paar Stunden. So wählten wir die schnellste und nicht die schönste Fahrstrecke. Auf der Autobahn fuhr ich mit 160 km auf der linken Fahrbahn, als ich in einer langgestreckten Kurve plötzlich einen Stau wahrnahm. Innerhalb einer hundertstel Sekunde war mir klar, dass ich nicht mehr würde schnell genug bremsen können, um langsam zum Stehen zu kommen. Genau in diesem Augenblick überkam mich eine unglaubliche Ruhe. Ich hatte das Gefühl, in Watte gepackt und vollkommen beschützt zu sein. Während mein Fuß langsam und sachte auf die Bremse trat, spürte ich, dass eine für mich unsichtbare Hand das Lenkrad meines Autos übernahm und mein Auto zwischen den stehenden Autos auf der linken und rechten Fahrbahn, als wäre hier noch ein mittlerer Fahrstreifen, in eine Lücke auf der rechten Fahrbahn lenkte, wo es in einer Staulücke zum Stehen kam. Das war unglaublich! Alles lief für mich wie in Zeitlupe ab, als ob ich das alles von außen beobachten würde. Mein erster klarer Gedanke war: „Danke, mein Schutzengel." C. und ich schauten uns schweigend an, denn was soeben geschehen war, war unglaublich. Nichts und niemandem war etwas geschehen.

Während meiner Suche nach den Engeln kam ich gar nicht auf die Idee, die Existenz meines Schutzengels, überhaupt die Existenz von Schutzengeln und Engeln, in Zweifel zu ziehen. Um so überraschter war ich, dass es sehr viele Menschen gibt, die nicht an die Existenz von Engeln glauben oder aber auch daran, dass nicht jeder einen Schutzengel hat und man diesen erst in einem Ritual erbitten muss. So saß ich an einem Nachmittag im Herbst 2007 bei einer Heilerin im Wohnzimmer, um mir eine andere Meinung zu einem Thema, welches mich zu diesem Zeitpunkt stark beschäftigte, anzuhören. Plötzlich fragte sie mich, ob ich denn schon einen Schutzengel und einen Heilengel hätte. Natürlich bejahte ich das, denn für mich war mein Schutzengel ja schon immer real. Sie meinte nur, dass Sie das bezweifle, denn das hätte nichts mit religiösem Glauben zu tun. Sie könne aber für mich in einem rituellen Gebet bei Gott einen Schutzengel speziell für mich erbitten. Na, da war ich aber gespannt. Natürlich habe ich zugestimmt, denn nun wollte ich wissen, was passierte.

Nicht viel passierte, außer dass sie im Gebet fragte, ob ein Schutzengel für mich vorgesehen sei und ob dieser nun bereit wäre, zu mir zu kommen. Dasselbe wurde mit dem Heilengel für mich wiederholt. Ihrer Meinung nach sei nicht für jeden Menschen ein Schutzengel vorgesehen, deshalb müsse man Gott erst fragen. Sie nannte mir auch die Namen der Engel und beschrieb mir ihr Aussehen. Der Beschreibung nach sahen meine neuen Begleiter wie junge Mönche in braunen Kutten aus, die nur unterschiedliche Kordeln (Gürtel) trugen. Was ich erstaunlich fand, war die Beschreibung. Es handelte sich nicht um strahlende, weißgewandete Wesen mit Flügeln. Die Namen, die sie mir mitteilte, waren nicht identisch mit den Namen, die mir schon andere mitgeteilt hatten, z.B aus der Schutzengel-Einweihung, und schon gar nicht mit dem Namen, den ich in meinem Herzen fühlte und als innere Stimme wahrnahm. Auch das war eine erstaunliche und lehrreiche Erfahrung für mich.

Es ist schon spannend zu erleben, wie viele Menschen es gibt, die behaupten, mehr über mich, meine Gefühle, meine Wünsche, meine Bedürfnisse, meine irdischen und himmlischen Freunde und Begleiter etc. zu wissen, als ich selbst. Wie viele besser wissen, was ich zu tun und zu lassen habe, um glücklich zu sein. Sollten diese oft unerbetenen Ratschläge einmal nicht weiterhelfen (was sie meist ohnehin nicht tun), bekomme ich häufig die Antwort, dass ich energetische Blockaden in mir trage, selbst gesetzt oder von Wesen auferlegt bekommen habe, die es schlecht mit mir meinen, und deshalb können sich die Ratschläge, Wünsche etc. nicht manifestieren. Nun ja, aus meiner persönlichen Sicht sind das die Antworten, die eine Person dann gibt, wenn sie die Verantwortung abgeben und sich über jemand anderen erheben möchte oder schlichtweg meist keine Ahnung hat. Ausnahmen bestätigen auch hier die Regel.

Ich bin ein sehr neugieriger Mensch, und so habe ich auf meiner Suche sehr vieles ausprobiert. Gott sei Dank bin ich immer sehr beschützt, aber ich habe mir auch so manchen emotionalen „blauen Fleck" zugelegt, wenn mir Dinge gesagt und/oder vorhergesagt wurden, wenn ich mich in einem schwachen emotionalen Moment befand und nicht abschalten konnte. So war auch bei mir manchmal die Gefahr sehr groß, mich von diesen Dingen beeinflussen zu lassen und in ein emotionales schwarzes Loch zu fallen. Es gab eine Zeit, in der ich mich verlor, nicht mehr an mich glaubte und nicht mehr wusste, wie ich aus diesem esoterischen Sumpf wieder herauskommen sollte. Letztendlich war mein Glaube stark genug, um mich wieder auf das für mich Wesentliche zu besinnen. Ein jeder sollte seinen Glauben, seine Spiritualität finden und leben dürfen, ohne ungebetenen Einfluss von außen.

Viele lehnen den Gedanken an Engel als religiösen oder esoterischen Unsinn ab. Das kann ich durch meine Erlebnisse teilweise sehr gut nachvollziehen, denn was ich bisher erleben durfte, hatte meist weder etwas mit Spiritualität noch mit Engeln, so wie ich sie verstehe, zu tun.

Das bedeutet mein Schutzengel für mich:

„Mein Schutzengel ist mein bester Freund, dem ich alles erzählen kann! Finde ich einmal nicht die richtigen Worte, so weiß ich doch ganz genau, dass er fühlt, was mich bewegt, und manchmal spüre ich, wie die Schwingen der Liebe mich umfangen, um mich zu trösten. Er lacht mit mir, er weint mit mir, es gibt nichts, was ihm fremd ist, und er greift immer dann ein, wenn Gott ihm ein Zeichen gibt. Er achtet meinen mir von Gott geschenkten „freien Willen" und steht mir bei jedem Lebensabenteuer zur Seite. Er ist der Ausdruck der unendlichen Liebe Gottes, die er für mich und alle seine Kinder empfindet!" (aus *Engelsprechstunde*)

Die Christliche Bedeutung der Schutzengel

Origenes, sein voller Name war vermutlich Origenes Adamantius, * 185 in Alexandria, † 254 in Tyros, war ein Kirchenschriftsteller, christlicher Gelehrter und Theologe. Aus den Worten Jesu: „Hütet euch davor, einen von diesen Kleinen zu verachten! Denn ich sage euch: Ihre Engel im Himmel sehen stets das Angesicht meines himmlischen Vaters." (Mt 18,10) leitete er ab, dass Gott jedem Menschen bei seiner Geburt einen Schutzengel zur Seite stellt, der das Kind sein Leben lang begleitet und es im Sterben über die Schwelle des Todes zu Gott hingeleitet. Dabei schützt er die Menschen nicht vor jedem Unglück, vor jeder Krankheit oder vor dem Tod. Unser Schutzengel behütet den göttlichen Funken in unseren Herzen und unsere Seele im Unglück, in der Not oder während einer Krankheit und begleitet uns durch den Tod in den Himmel hinein.

Pater Pio:
„Pater Agostino fragte sich, warum Gott es erlaubte, dass man seinen ihm ans Herz gewachsenen Zögling (Pater Pio) so schikanierte, der jedoch von seinem Schutzengel, der ihm nach diesen Attacken stets tröstend erschien, wusste, dass Gott damit ein bestimmtes Ziel verfolgte. …"

Mechthild Thaller-Schönwerth:
„Da sah ich meinen Engel in wunderbarer Herrlichkeit. Er neigte sich über mein Bett und sprach zu mir: „Du bist nicht allein. Ich wache Tag und Nacht bei dir, zähle deine Seufzer, trockne deine Tränen, bringe deine Gebete vor den Herrn. …“

Fra Elia:
Aber in der Nacht wurde Elia nicht allein gelassen. … und sein feinstofflicher Körper, angezogen von diesem Licht, verließ die Dichte der Materie. In senkrechter Position sah er deutlich seinen physischen Körper leidend da unten liegen, etwa einen Meter unter ihm, um dann, nach ein paar Sekunden, begleitet von seinem Engel Lechitiel, von einem Meer aus Licht angezogen zu werden, das ohne eine Lichtquelle heller als das Licht selbst war. …

Mechthild Thaller-Schönwerth:
„Die Schutzengel sorgen sich ohne Unterlass für die ihnen anvertrauten Menschen. Ihre Zahl ist so unendlich groß, dass kein Engel, welcher seinen Schützling in die himmlische Seligkeit begleitet hat, noch einmal bei einem der nachfolgenden Menschengeschlechter Dienst tut. Der Schutzengel, der dem Menschen auf Erden beigestanden hat, bleibt auch im Himmel neben ihm.“

Heiliger Erzengel Michael,
Du Fürst der himmlischen Heerscharen,
du Besieger des höllischen Drachens,
du hast von Gott die Kraft und die Macht erhalten,
durch die Demut
den Hochmut der Mächte der Finsternis zu vernichten!
Wir beschwören dich,
verhilf uns zu einer wahren Demut des Herzens,
zu einer unerschütterlichen Treue,
den Willen Gottes immer zu erfüllen,
zu einem Starkmut in Leid und Not!
Hilf uns zu bestehen vor dem Richterstuhl Gottes.
Amen
(Christliches Gebet)

Engel in der Ostkirche

Das *Orthodoxe Christentum* ist eine Bezeichnung für den Teil des Christentums, der sich während der byzantinischen Zeit hauptsächlich in Ost- und Südeuropa etablierte. Länder des Nahen Ostens und Osteuropas bezeichnet man traditionell als *orthodox*, doch gibt es heutzutage kaum ein Land, in dem keine orthodoxen Christen leben.

Diese weltweit verbreitete Gemeinschaft der Orthodoxen Kirchen bekennt sich zu dem apostolischen Glauben, wie er von den Ökumenischen Konzilen der alten ungetrennten Kirche artikuliert worden ist.

Die sieben Erzengel

In den Ostkirchen werden die Engel in wesentlich mehr Textstellen im Gebet während des liturgischen Jahres erwähnt und viel mehr Festtage ihnen zu Ehren gefeiert als in der Westkirche. So werden in der Ostkirche bis zu acht Erzengel verehrt. Die Namen der sieben Erzengel sind: Michael, Gabriel, Raphael, Uriel, Jehudiel, Barachiel und Sealtiel. Als achten Erzengel benennen sie Jeremiel.

St.Michael

(Wer ist wie Gott)

Heiliger Erzengel Michael,
komm uns zu Hilfe mit deinen heiligen Engeln.
Lehre uns glauben in dieser Finsternis.
Lehre uns kämpfen mit deiner Demut.
Lehre uns siegen im Schweigen und Gehorsam zu Gott.
Lehre uns lieben und treu sein wie Maria.
Amen.

St. Gabriel

(Macht Gottes)

Heiliger Erzengel Gabriel,
komm mit deinen Scharen.
Hilf uns,
Knecht und Magd zu sein.
Hilf uns zu Lauterkeit und Bereitschaft.
Hilf uns Ruhestatt des Herrn und Mariens zu werden.
Amen.

St.aphael

(Medizin Gottes – Gott heilt – Liebespfeil Gottes)

Heiliger Erzengel Raphael,
komm mit deinen Helfern.
Vermehre deine Kraft und Liebe in uns.
Lass die Liebe Gottes und die Immaculata
Sieger werden in unseren Herzen
und über Hass und die Unkeuschheit in der Welt.
Amen.

St. Uriel

(Feuer Gottes – Licht Gottes)

St.Uriel,
umgib uns mit deinem Feuerkranz.
Komm uns zu Hilfe
mit deiner Himmelsschar.
Und lehr uns handeln
wie Jesus hier auf Erden war.
Amen.

St. Jehudiel

(Lob Gottes)

Heiliger Erzengel Jehudiel,
du starker Engel und Widerpart der bösen Geister,
komm uns zu Hilfe mit deiner ganzen Engelschar.
Steh uns bei im Kampfe gegen die schrecklichen Angriffe der Hölle,
welche die Kirche zu vernichten drohen.
Nimm allen Neid aus unseren Herzen,
und lass den göttlichen Ratschluss
zu unserem lebendigen Lob Gottes werden.
Amen.

St. Sealtiel

(Gebet Gottes)

Heiliger Erzengel Sealtiel,
hilf uns mit deinen Engeln,
lehre uns beten,
wie der Herr gebetet und uns zu beten gelehrt hat.
Amen.

St. Barachiel

(Segen Gottes)

Heiliger Erzengel Barachiel,
rüttle uns auf mit deinen Engeln.
Hilf uns wachsen in guten Werken und in der Liebe zu Gott und Maria.
Amen.

Die sieben Himmel

Die Vorstellung, dass es sieben Himmel gibt, ist in der jüdisch-christlichen und islamischen Überlieferung verwurzelt. In unserer modernen Gesellschaft ist auch heute noch der siebte Himmel sprichwörtlich der Ort der höchsten Glückseligkeit.

Schon zur Zeit der Thora und des Alten Testaments kannte die jüdische Vorstellung eine Mehrheit der Himmelsräume, die im späteren Judentum auf sieben Himmel festgelegt wurde. Die Lehre von den sieben Himmeln entspricht rabbinischer Anschauung und wird im Talmud beschrieben. Nach dem Talmud ist der siebte Himmel der oberste Himmel. Sein Name ist *Araboth* (Gewölk).

„Es gibt sieben Himmel – und zwar Vorhang, Veste, Dunstwolke, Wohnung, Burg, Stätte und Gewölk. … Auf Gewölk (dem siebten) befinden sich Gerechtigkeit, Reichtum und Heil, die Schätze des Lebens, die Schätze des Friedens und die Schätze des Segens, die Seelen der Gerechten, die Geister, die Seelen derer, die einst geboren werden, und der Tau, der einst die Toten beleben wird, Gerechtigkeit und Recht. Gefunden sind fernerhin: die Ophanim, die Seraphim die Heiligen Tiere, die Dienstengel und der Thron der Herrlichkeit.“ Hagiga II, 1; 12b

Ophanim (Räder) gehören dem Chor der Throne an. Sie bilden eine Brücke zwischen Engel und Menschen, zwischen Himmel (göttliche Ebene) und Erde (materielle Ebene). Engel, deren Namen mit EL endet benötigen einen Ophanim, um in unsere Welt hineinwirken zu können.

Der *siebte* Himmel Araboth (Gewölk)

Der oberste, siebente Himmel ist der Sitz „Gottes“ und die Heimat der höchsten Engelchöre, der Seraphim, der Cherubim und der Throne. Es ist der Ort des Rechts, des Gerichts und der Gerechtigkeit. Dort befindet sich der Schatz des Lebens, des Friedens und des Segens. Das Gewölk wird von den Engelfürsten „Michael" und „Cassiel" regiert. Hier ist auch der Sitz von „Metatron" (er stellt die Stimme Gottes dar) und „Zagzaguel", dem Engel des göttlichen Rechts. Die Seelen der ungeborenen Menschen wohnen in diesem Himmel.

Der *sechste* Himmel Zebul (Stätte)

Hier regiert der Engelfürst „Gabriel". Der sechste Himmel ist die Heimat von sieben Cherubim und sieben Phönixen. In diesem Himmel wird das Schicksal bestimmt. Hier werden alle naturgemäßen Ereignisse auf Erden und die Taten jedes einzelnen Menschen aufbewahrt. Alles wird von den Engeln geplant, die sich mit der Astrologie und der Ökologie beschäftigen.

Der *fünfte* Himmel Mathey (Burg)

Hier regieren die Engelfürsten „Zadkiel" und „Sandalphon" (unterschiedliche Überlieferung). Mathey ist die Heimat des vierten Engelchores, der Herrschaften. Ebenso wie im zweiten und dritten Himmel werden hier einige der gefallenen Engel arretiert.

Der *vierte* Himmel Machonon (Wohnung)

Hier regiert der Engelfürst „Zadkiel". Im Machonon befindet sich der heilige Tempel und der Gottesaltar des „himmlischen Jerusalem".

Der *dritte* Himmel Shehaqim (Dunstwolke)

Hier regiert der Engelfürst „Baradiel". Im Süden des Shehaquim befindet sich das Paradies, der Garten Eden mit dem Baum des Lebens, der von unzählbaren Engeln bewacht wird. Hier erzeugen die himmlischen Bienen den göttlichen Nektar namens „Manna". Im Norden dieses Himmels liegt Sheol, die Hölle, mit all ihrem Grauen und Schrecken.

Der *zweite* Himmel Raquina

(Veste) Hier regieren die Engelfürsten „Baradiel" und „Zachariel". Dieser Himmel wird auch als Gerichtsort des Himmels bezeichnet. Hier warten die Sünder auf das „Jüngste Gericht". In der Raquina sind einige der gefallenen Engel arretiert, auch jene, denen verbotene Beziehungen zu irdischen Frauen nachgesagt werden.

Der *erste* Himmel Shamayim (Vorhang)

Hier regiert der Engelfürst „Sidriel". Shamayim ist die Heimat des Engelchores der Mächte und der vier Elementarengel. Hier wohnen alle Engel, die über die Sterne, die Planeten sowie über die Naturgewalten und Phänomene herrschen. Der erste Himmel enthält das gesamte Universum.

In der Bibel ist die Zahl der Himmel scheinbar unbekannt, dennoch erwähnt Paulus den dritten Himmel, und an anderer Stelle werden *die Himmel* erwähnt.

- „Ich kenne jemand, einen Diener Christi, der vor vierzehn Jahren bis in den dritten Himmel entrückt wurde." (2 Kor 12,2-4)

- „Da wir nun einen erhabenen Hohepriester haben, der *die* Himmel durchschritten hat, Jesus, den Sohn Gottes, lasst uns an dem Bekenntnis festhalten …" (Hebr 4,14)

Apokryphen:

- Und der Engel, der entsandt war, ihn schauen zu lassen, gehörte nicht zu diesem Firmament und nicht zu den Engeln der Herrlichkeit dieser Welt, sondern er war aus dem siebten Himmel gekommen.

- Höre nun von den sieben Himmeln. (Testament der 12 Patriarchen Levi, Kapitel 3)

Das slawische Henoch-Buch ist ein apokryphes Buch und erzählt von den Erlebnissen Henochs vor seiner Aufnahme in den siebten Himmel.

Zwei Engel nehmen Henoch mit sich und zeigen ihm die Himmel:

- Im *ersten Himmel* werden ihm die Gestirne, Wolken und Tauquellen gezeigt.

- Im *zweiten Himmel* findet er die abgefallenen, gefangenen Engel, die auf das Gericht warten.

- Der *dritte Himmel* ist das Paradies, in das die Gerechten unter den Menschen gebracht werden. Im Norden dieses Himmels ist die Hölle, dort werden die Ungerechten gepeinigt.

- Im *vierten Himmel* befinden sich Sonne und Mond. Im Osten und Westen befinden sich je sechs Tore, durch die die Sonne je nach Jahreszeit geht; damit werden die je nach Jahreszeit unterschiedlich lang hellen Tage erklärt. Desgleichen mit dem Mond, hier sind es zwölf Tore.

- Im *fünften Himmel* sind menschenähnliche Riesen als Wächter.

- Im *sechsten Himmel* sind sieben Engelchöre, die für die Ordnung der Welt sorgen.

- Im *siebten (obersten) Himmel* findet er die Erzengel, Ophanim, Seraphim, Cherubim und Gott auf seinem Thron.

Auch im Islam findet sich die Sieben. Der siebte Himmel ist für Muslime der Ort der letzten Verklärung, den auch der Prophet Mohammed erreichte.
Der Islam kennt im Koran die Vorstellung von den sieben Himmeln am Firmament, die sich nach ihrer Herrlichkeit vom siebten Paradies, dem Aufenthaltsort des Allerhöchsten, bis hinunter zum ersten, dem erdenähnlichsten, unterscheiden.

Sure 41
Dann wandte Er Sich zum Himmel, welcher noch Nebel war, und sprach zu ihm und zu der Erde: „Kommt ihr beide, willig oder widerwillig." Sie sprachen: „Wir kommen willig." (11) So vollendete Er sie als sieben Himmel in zwei Tagen, und jedem Himmel wies Er seine Aufgabe zu. Und Wir schmückten den untersten Himmel mit Leuchten, (welche auch) zum Schutz (dienen). Das ist die Schöpfung des Erhabenen, des Allwissenden. (12)

Engel im Islam

Der Koran spricht an zahlreichen Stellen über die Existenz von Engeln. Michael (Mikail) und Gabriel (Gibril) werden namentlich genannt.

Zudem werden nach islamischer Überlieferung die Engel des Jüngsten Gerichtes Israfîl, der Todesengel Azrael und die Grabesengel Munkar und Nakir benannt. Michael, Gabriel, Israfîl und Azrael werden als Erzengel bezeichnet.

Engel sind nach islamischer Auffassung sterbliche Wesen, die jedoch auferweckt und ins Paradies eingehen werden. Sie sind Geschöpfe Allahs, die ihm dienen, seine Aufträge erfüllen, ihn ununterbrochen lobpreisen und ihm am Tag des Gerichts beistehen.

Eine besondere Bedeutung im Islam hat der Engel des Todes Azrael (Izra'il), der den Menschen zur Todesstunde aufsucht, um ihn aus dem Leben abzuberufen. Der Koran und die anerkannten Überlieferungen benennen den Todesengel jedoch nicht mit Namen. Dieser ist nur im Volksglauben verwurzelt. Der Engel Azrael (Izra'il) soll demzufolge die Namen der Neugeborenen aufschreiben und die der Verstorbenen wieder durchstreichen.

Sure 2, 97
Sprich: „Wer auch immer Gabriel zum Feind nimmt, so hat er ihn (den Qur'an) doch mit Ermächtigung Allahs in dein Herz herabgesandt als Bestätigung dessen, was vor ihm war, und als Rechtleitung und frohe Botschaft für die Gläubigen."

Sure 2, 98
Wer auch immer zum Feind wurde gegen Allah und Seine Engel und Seine Gesandten und Gabriel und Michael, so ist wahrlich Allah den Ungläubigen ein Feind.

Sure 32, 11
Sprich: „Der Engel des Todes, der über euch eingesetzt wurde, wird euch abberufen; dann werdet ihr zu eurem Herrn zurückgebracht."

Sure 35, 1
Alles Lob gebührt Allah, dem Schöpfer der Himmel und der Erde, der die Engel, mit je zwei, drei und vier Flügeln, zu Boten gemacht hat. Er fügt der Schöpfung hinzu, was Ihm gefällt; Allah hat wahrlich Macht über alle Dinge.

Sure 40, 7
Die, die den Thron tragen, und die, die Ihn umringen, preisen das Lob ihres Herrn und glauben an Ihn und erbitten Vergebung für jene, die gläubig sind: „Unser Herr, Du umfasst alle Dinge mit Barmherzigkeit und Wissen. Vergib darum denen, die bereuen und Deinem Weg folgen, und bewahre sie vor der Strafe der Dschahim."

Sure 69, 17
Und die Engel werden an seinen Rändern stehen, und acht (Engel) werden an jenem Tage den Thron deines Herrn über sich tragen.

Schutzgeister und Seelenbegleiter in verschiedenen Kulturen und Religionen

Für mich ergab sich nie die Frage: „Gibt es überhaupt Engel?“ Himmlische Wesen, die Gott (egal welchen Namen wir ihm geben) dienen, die uns als Schutzgeister und Begleiter in seinem Auftrag zur Seite stehen, gibt es in vielen Kulturen und Religionen. Sie wecken in uns das Gefühl, begleitet, geliebt und geborgen zu sein.

In den verschiedenen Beschreibungen finden wir sehr viel Ähnlichkeiten, aber auch kleine und große Unterschiede. Hier einige Beispiele:

Kami

Shintō (im Deutschen meist übersetzt mit „Weg der Götter“), auch als Shintoismus bezeichnet, ist eine fast ausschließlich in Japan praktizierte Religion, die eine Vielzahl von religiösen Kulten und Glaubensformen, die sich an die einheimischen japanischen Gottheiten (Kami) richten, kennzeichnet. Kami sind unzählbare Geistwesen, die in der Gestalt von Menschen, Tieren, Gegenständen oder abstrakten Wesen beschrieben sind. Die Menschen können mit diesen Geistwesen sprechen, die sie schützen, behüten und lehren, wenn ihnen Opfer dargebracht werden.

Genius und Juno

Im vorchristlichen Rom schützen Genius und Juno die Jungen und Mädchen. Genius ist ein Geistwesen der römischen Religion, den nur Männer besaßen. Er wohnte einem jeden Mann inne und starb mit ihm. Juno war eine altitalienische, insbesondere römische Göttin. Sie galt als Göttin der Geburt und der Ehe.

Krafttiere und Totemtiere

Krafttiere und Totemtiere werden in allen schamanistischen Kulturen die Geistwesen in Tierform genannt. Sie sind im Schamanismus die spirituellen Wegbegleiter der Menschen. Das Krafttier, auch Helfertier genannt, ist ein geistiger Tierbegleiter, der dem Mensch zur Seite steht, ihn schützt und ihn durch verschiedene Lebensabschnitte begleitet. Das Krafttier kann wechseln oder den Menschen ein Leben lang begleiten.

Das Totemtier, auch Seelentier genannt, ist das Geburtstier des Menschen, sein ständiger Begleiter seit seiner Geburt. Es repräsentiert einen persönlichen Seelenanteil des Menschen und ist ihm in seinem Wesen und Äußeren sehr ähnlich.

Fravashis

In der persischen Mythologie Schutzgeister oder Dschinnen, die alle lebendigen Geschöpfe im endlosen Kampf zwischen Gut und Böse verteidigen.

Flygia

Ein weiblicher Folgegeist, eine Art Schutzgeist der nordischen Mythologie, der Menschen begleitet. Wenn sie erscheinen, dann als Traumgesicht in Frauengestalt oder in der Gestalt desjenigen Tieres, das der Seele des jeweiligen Menschen gleicht.

Regenbogenschlange

Die Regenbogenschlange ist eine zentrale Figur der Mythologie der Aborigines, der australischen Ureinwohner. Sie gilt als die wohlwollende Beschützerin ihres Volkes und als erbarmungslose Verfolgerin der Gesetzesbrecher.

Bei fast allen Stämmen sind die Mythen und Legenden der „Traumzeit“ verbreitet, in der durch Meditation das Totenreich sichtbar wird, in der viele mystische Kreaturen der Vorzeit und die alten Vorfahren leben. Diese Himmelswesen brachten den Menschen Riten, magische Steine und kündigten das Ende der Traumzeit an.

Psychopompos (Plural Psychopompoi)
Das Wort «Psychopompos» kommt aus dem Griechischen und bedeutet wörtlich übersetzt „Seelengeleiter".

Psychopompos ist der Titel des griechischen Botengottes Hermes, der dieses Amt von Apollon übernommen hat. Diese Vorstellung war aber allgemein verbreitet. So kannten etwa die Ägypter den hunde- oder schakalköpfigen Anubis. In germanischer Mythologie holen die Walküren die gefallenen Krieger vom Schlachtfeld nach Walhalla, bei den Kelten war Ogma Seelenführer. Ihren Ursprung hat diese Vorstellung im archaischen Schamanismus. Der Schamane führte die Seelen verstorbener Mitmenschen ins Totenreich.

Im Christentum sind es der Erzengel Michael oder der Riese Christophorus; an der Pforte zum Himmel erwartet Petrus die Seele, die Einlass begehrt. Christophorus findet sich auf frühchristlichen Ikonen – wie sein ägyptisches Pendant Anubis – hundsköpfig dargestellt. Helfer des Psychopompos sind die Schutztiere. In der Kultur einiger nordamerikanischer Stämme wird der Psychopompos durch die Totemtiere symbolisiert.

Teil 2

Bedeutung / Deutung der Engel in der modernen Esoterik

Esoterik (von griechisch esoterikós, „innerlich"), ist in der ursprünglichen Bedeutung des Begriffs eine für einen begrenzten „inneren" Personenkreis bestimmte philosophische Lehre. Heutzutage ist der Begriff „Esoterik" eher ein Sammelbegriff für ein weites Spektrum an Weltanschauungen, beeinflusst durch diverse spirituelle LehrerInnen, welche die spirituelle Entwicklung des Individuums betonen, jedoch meist keiner traditionellen Religion im engeren Sinn angehören.

Den sich teilweise deutlich unterscheidenden Lehren ist gemein, dass sie die Existenz von Kräften und Einflüssen außerhalb des naturwissenschaftlich Messbaren voraussetzen sowie Wissenschaft und traditionell organisierte Religionen als zu begrenzt ansehen, um die Welt vollständig zu erklären. Die esoterische Denkweise steht somit außerhalb des traditionellen religiösen und/oder wissenschaftlichen Weltbildes.

So fand ich in den modernen esoterischen Engel-Lehren ein kunterbuntes Gemisch aus verschiedenen alten, traditionellen religiösen Überlieferungen und neuen, sogenannten gechannelten Engel-Botschaften.

Sternzeichen und ihre zugehörigen Engel:

- DER *WIDDER* UND SEINE ENGEL
  „Camael“ regiert als Planetarischer Engel das Tierkreiszeichen „Widder“. *Er schenkt Dir Mut, Kraft und Stärke, um Deine Ziele zu erreichen!*

  Der Tierkreiszeichen-Engel ist „Machidiel“.
  „Sei Du selbst, finde zu Dir selbst. Du besitzt alle Fähigkeiten, Deine Ziele und Träume zu verwirklichen. Bewahre Dir den Respekt und die Achtung gegenüber anderen Menschen und gestehe ihnen ebenso zu, ihre Ziele auf ihrem eigenen Weg und auf ihre individuelle Art zu verwirklichen.“

  Der Schutzengel ist der „Engel des Friedens“
  „In Zeiten des Neubeginns besinne Dich auf den Frieden in Deinem Inneren, den Ort in Deinem Herzen, an dem Dich der Engel des Friedens erwartet. Rufe ihn, und er wird Dich stets in die tiefe Ruhe Deines inneren Seelengartens geleiten. Dort findest Du auch in Zeiten der Not die tiefe Ruhe, um in Weisheit Deine Entscheidungen zu treffen.“

  Der Wesens-Engel ist der „Engel des Mutes“
  „In Dir lebt die Liebe, der Mut, die Kraft und die Stärke, um alle Deine Ziele zu erreichen. Verbinde Dich mit dem Engel der Liebe in Dir, damit Du Deine Charakterstärken liebevoll zu Deinem Wohle und dem Wohle aller Beteiligten einsetzen kannst.“

  Der Liebes-Engel ist der „Engel der Harmonie“
  „Die Essenz des inneren Gleichgewichts, der Ausgeglichenheit und des Friedens werden Dir dabei behilflich sein, eine erfüllte Partnerschaft zu leben.“

Die Farben des Widders sind die Farben des Sonnenauf- und untergangs. Seine Farbpalette reicht von Gold über Bernstein und Orange zu allen Rottönen.

◆ DER *STIER* UND SEINE ENGEL

„Hagiel" regiert als Planetarischer Engel das Tierkreiszeichen „Stier". *Er schenkt Dir die Fähigkeit, Dich selbst und Deinen Nächsten so stark zu lieben, dass Du zum rechten Zeitpunkt „Nein" sagen kannst, um loszulassen und somit Dir oder einem anderen die Freiheit zu schenken!*

Der Tierkreiszeichen-Engel ist „Asmodel"
„Erkenne die Tragweite Deines Besitzes an, das, was Du Dein eigen nennst, und werde Dir gewahr, wer oder was Dich besitzt! Wäge die Verhältnismäßigkeit ab und handele nach Deinem Herzen!"

Der Schutzengel ist der „Engel der Empathie"
„Versuche, den Menschen in seiner Ganzheit zu erfassen und seine Gefühle zu akzeptieren. Vertraue Deiner inneren Stimme, die mit dem Erkennen und der Weisheit Deines Herzens spricht."

Der Wesens-Engel ist der „Engel der Kraft"
„In Dir lebt die unermessliche Kraft Deiner Seele, mit der Du Berge versetzen oder kraftvoll wie ein Fels in der Brandung stehen kannst. Wenn Du Deine hohen Ideale und Werte lebst, dann rollt sich diese unermessliche Kraft wie ein Blütenteppich vor Dir aus und bereitet Dir Deinen Weg."

Der Liebes-Engel ist der „Engel der Zuvorkommenheit
„Deine Partnerschaft und Deine Beziehungen blühen auf, wenn

Du selbstlos und ohne Erwartungen anderen Menschen Hilfe und Freundlichkeiten aus der Tiefe Deines Herzens und Deiner Seele schenkst."

Seine Farben sind die Farben der Erde, der Natur. Sie beinhalten neben Rosatönen auch satte Grün- und Brauntöne.

- DER *ZWILLING* UND SEINE ENGEL

„Raphael" regiert als Planetarischer Engel das Tierkreiszeichen „Zwillinge". *Er schenkt Dir die Fähigkeit der wahrhaftigen Kommunikation! Gehe sorgfältig mit Deinen Worten um, denn Worte können die Welt verändern.*

Der Tierkreiszeichen-Engel ist „Ambriel"
„Loyalität, die innere Verbundenheit und deren Ausdruck im Verhalten gegenüber einer Person, einer Gruppe oder der Gemeinschaft gehört zu Deinen Stärken. Setze Prioritäten, damit Du Deiner eigenen Person gegenüber ebenso loyal bist und Deine Energiereserven stetig neu aufgeladen werden können."

Der Schutzengel ist der „Engel der Freude"
„Freude in Deinem Leben und an Deinem Leben förderst Du durch innere Ausgeglichenheit, Selbsterkenntnis sowie eine achtsame und rechte Lebensweise. Schenke Dir jeden morgen ein Lächeln."

Der Wesens-Engel ist der „Engel des Optimismus"
„Deine Worte können, einer Regenbogenbrücke gleich, den Himmel auf Erden für Deinen Nächsten bedeuten oder auch den emotionalen Fall Deines Gegenübers beschleunigen. Worte des Vertrauens und der Zuversicht können aufbauen und heilen, Worte des Pessimismus und des Unglaubens können zerstören und vernichten. Im Licht und in den Worten der

positiven Zukunftserwartung kannst Du eine Brücke zwischen den Menschen bauen."

Der Liebes-Engel ist der „Engel der Wahrheit"
„Die Achtung und Wertschätzung, die Du Deinem eigenen Dasein entgegenbringst, hilft Dir dabei, Dir und Deinen Werten treu zu bleiben, indem Du auf jegliche äußerliche und emotionale Maskerade verzichtest."

Die Farben der Zwillinge beinhalten alle Blautöne sowie Rosa- und Malvenfarben.

- DER *KREBS* UND SEINE ENGEL

„Gabriel" regiert als Planetarischer Engel das Tierkreiszeichen „Krebs". *Er schenkt Dir die Kraft der Intuition, die Fähigkeit, durch spontane Eingebungen Einsichten in Sachverhalte, Geschehnisse und Menschen zu erlangen.*

Der Tierkreiszeichen-Engel ist „Muriel"
„Erkenne die Lehren aus Deinen früheren Erlebnissen und nimm die Essenzen daraus, um daran zu wachsen. Erinnere Dich an diese Essenz, wenn Dein Gegenüber gerade Ähnliches erlebt. Schenke ihm Hoffnung und Zuversicht, ohne Dich in Deiner eigenen Sentimentalität zu verlieren. So hilfst Du Euch beiden am sinnvollsten."

Der Schutzengel ist der „Engel des Erfolgs"
„Erfolg bedeutet das Voranschreiten auf ein Ziel hin durch das Erbringen eigener Leistungen. Du musst Dir bewusst werden, wohin Du gehen möchtest. Achte dabei auf Deine Gedanken, denn sie sind die Samen des Erfolges oder des Misserfolges."

Der Wesens-Engel ist der „Engel der Geduld“
„Wenn Du eine Lösung für Deine Probleme oder den Erfolg einer Unternehmung erzwingen möchtest, dann erreichst Du Dein Ziel möglicherweise zu einer Zeit, in der Du nichts gewinnen kannst. Lasse Dir Zeit, dass sich etwas ändern und die Samen Deiner Unternehmungen sich entwickeln können.“

Der Liebes-Engel ist der „Engel des Friedens“
„Finde den Frieden in Deinem Herzen durch die Stille, Ruhe und Geduld der Meditation und des Gebets. Erlaube, dass Dein Frieden nach außen, in die Welt strahlt.“

Die Farben des Krebses beinhalten Gelb- und Goldtöne, Rosa, Silber und Weiß.

- DER *LÖWE* UND SEINE ENGEL

„Michael“ regiert als Planetarischer Engel das Tierkreiszeichen „Löwe“. *Er schenkt Dir Scharfblick, Unterscheidungsvermögen, Entschlusskraft und Tatkraft, die Du für positives Handeln benötigst, um Dein Führungspotenzial zum Wohle aller Beteiligten einzusetzen.*

Der Tierkreiszeichen-Engel ist „Verchiel“
„Ehre den Dir von Gott geschenkten freien Willen und achte den freien Willen Deines Nächsten. Durchschaue, woher ein bestimmter Wunsch aus Deinem Inneren entspringt und ob er Deinem höchsten Wohl oder Deinem kleinen Ego dient.“

Der Schutzengel ist der „Engel der Meditation“
„Regelmäßige Meditation und Gebet sind die beiden sichersten Möglichkeiten, um in Dein Inneres zu schauen und zu dem göttlichen Kern in Deinem Herzen vorzudringen.“

Der Wesens-Engel ist der „Engel der Aufrichtigkeit"
„Aufrichtigkeit bezeichnet ein Merkmal der Ehrlichkeit. Nimm Deine Interessen und Ziele wahr, ohne zu lügen oder andere Menschen bewusst zu verletzen. Aufrichtigkeit beinhaltet auch den Mut, auf andere zuzugehen und ihnen Deine Wünsche, Emotionen, Sorgen, Ängste, Träume und Ziele mitzuteilen, um so Deinen Weg in Freiheit zu gehen."

Der Liebes-Engel ist der „Engel des Lichtes"
„Das Licht der Liebe, der göttliche Funken der allumfassenden Liebe, lebt in allen Menschen-Herzen. Fokussiere Dich auf dieses Licht in Dir, und alle Deine Partnerschaften und Beziehungen werden wachsen, um in voller Blütenpracht des Lichtes zu erstrahlen."

Die Farben des Löwen beinhalten die gesamte Farbpalette des Regenbogens.

- DIE *JUNGFRAU* UND IHRE ENGEL
„Raphael" regiert als Planetarischer Engel das Tierkreiszeichen „Jungfrau". *Er schenkt Dir Gewissenhaftigkeit, Gründlichkeit, Bescheidenheit und die Fähigkeit, angenommene Aufgaben sorgfältig zu erledigen.*

Der Tierkreiszeichen-Engel ist „Hamaliel"
„Die systematischen Untersuchungen von Gegebenheiten, in Verbindung mit der eigenen Intuition und der Einsicht des Herzens, mit Blick in die Seelen, ist die größte Gabe."

Der Schutzengel ist der „Engel der Vergebung"
„Vergebung bedeutet, nicht mehr länger unter dem leiden zu wollen, was ein anderer Dir angetan hat. Vergebung befreit Dich von der Kränkung und dem Schmerz, den ein anderer

Dir zugefügt hat. Vergib auch Dir selbst! Die Vergebung heilt letztendlich alle Wunden und bietet Dir die Chance auf einen Neubeginn auf Deinem Lebensweg."

Der Wesens-Engel ist der „Engel der Ordnung"
„Du verfügst über die Gabe der inneren und äußeren strukturierenden Ordnung, die das Grundgerüst Deines Lebens bildet. Nutze dieses Grundgerüst, um Dein Leben mit Leichtigkeit, Freude und Glück zu füllen. Mache Dich selbst nicht zum Diener Deiner Ordnung."

Der Liebes-Engel ist der „Engel der Schönheit"
„Entdecke die Schönheit in dem Lächeln Deines Partners, Deiner Partnerin und dem Lächeln eines Kindes. Entdecke das Funkeln der Liebe in den Augen Deines Gegenübers und bewahre diese Schönheit in Deinem Herzen, damit Deine Beziehungen im Glanz dieser Schönheit leuchten dürfen."

Die Farben der Jungfrau beinhalten grüne und blaue Farben mit Gold und Braun.

◆ DIE *WAAGE* UND IHRE ENGEL

„Hagiel" regiert als Planetarischer Engel das Tierkreiszeichen „Waage". *Er schenkt Dir die Sicht auf Deine eigene innere Schönheit und die Fähigkeit, Liebe und Empathie für Dich selbst und andere zu empfinden.*

Der Tierkreiszeichen-Engel ist „Zuriel"
„Ein Gleichgewicht zwischen Geben und Nehmen bringt den harmonischen Ausgleich in Dein Leben und in das Leben Deines Nächsten. Gib, ohne zu erwarten, und nimm, ohne Dir die Erwartungen Deines Gegenübers auferlegen zu lassen. So schwingt euer Leben im Einklang."

Der Schutzengel ist der „Engel des rechten Willens"
„Entdecke, welche Kraft Dein Wille besitzt! Achte dabei auf Deine Gedanken, Deine Emotionen und Deine Beweggründe. Du wirst ernten, was Du säst!"

Der Wesens-Engel ist der „Engel der Fülle"
„Du spürst die Vielfalt Deines inneren Wesenskernes und die reichhaltigen Möglichkeiten, die sich aus diesem Wissen ergeben. Entdecke Dein gesamtes Potenzial, erinnere Dich an Deinen Traum, versuche ihn zu leben und so weit wie möglich in Dein Leben zu integrieren. Die gesamte Fülle breitet sich vor Dir aus."

Der Liebes-Engel ist der „Engel der Geduld"
„Geduld beinhaltet Toleranz, Standhaftigkeit, Durchhaltevermögen, Hoffnung, Gelassenheit und Wartenkönnen. Setze diese Fähigkeiten auch in Deinen Beziehungen ein, und die Liebe kann in all ihren Facetten erstrahlen."

Die Farben der Waage beinhalten Grün, Rosa, Lavendel und Malve.

- DER *SKORPION* UND SEINE ENGEL

„Azrael" und „Camael" regieren als Planetarische Engel das Tierkreiszeichen Skorpion." *Diese beiden Engel begleiten Dich auf Deinem Weg der medialen Wahrnehmung, bei der Entwicklung all Deiner medialen Fähigkeiten und bei der Erweiterung Deines spirituellen Bewusstseins. Azrael und Camael lehren Dich, den Schleier zwischen den Welten zu durchdringen!*

Der Tierkreiszeichen-Engel ist „Barakiel"
„Die Gedankenkraft ist gerade für Skorpion-Geborene eines ihrer machtvollsten Instrumente. Sei behutsam mit dem, was

Du Dir wünschst, es wird genau das sein, was Du bekommst. Prüfe in Deinem Herzen, ob Deine Gedanken und Wünsche in der Reinheit Deines Herzens geboren wurden!“

Der Schutzengel ist der „Engel der Sanftmut“
„Weil Du weißt, dass Gott Dich mit all Deinen Schwächen und kleinen Mängeln (Fehlern) liebt, ist es nur recht und billig, dass Du mit Deinen Mitmenschen und mit Dir selbst ebenso umgehst. Sanftmut hat nichts zu tun mit Unterwürfigkeit, Feigheit oder gar mit klein beigeben. Sanftmut beinhaltet sanften Mut, der Dir gestattet, anderen so zu begegnen, dass Du ihnen zur Hilfe, zur Korrektur, zur Besserung und Bewahrung dienst.“

Der Wesens-Engel ist der Engel der Wiedergeburt
„Tief in deinem Innersten weißt Du, dass Deine Seele unsterblich ist. Suche weiter nach Deiner wahren, ewigen Heimat. Aus der Intensität des Leidens schwingt sich ein Phönix engelgleich empor, wie durch das Feuer der enttäuschten Leidenschaften geläutert, um seiner Heimat entgegenzufliegen.“

Der Liebes-Engel ist der „Engel der Weisheit“
„Weisheit erwächst aus der Fähigkeit, die Zusammenhänge Deines Lebens zu erkennen und zu verstehen. So prüfe, wem Du Deine dauerhafte Liebe schenkst, und lasse Dich nicht von Äußerlichkeiten oder Versprechungen blenden.“

Amethyst, Malve, Koralle, dunkles Rot und Blaugrün sind die Farben des Skorpions.

- DER *SCHÜTZE* UND SEINE ENGEL
„Zadkiel“ regiert als Planetarischer Engel das Tierkreiszeichen „Schütze“. *Er schenkt Dir die Kraft der Vision, Optimismus und die Freiheit, Deinen persönlichen und spirituellen Horizont zu erweitern.*

Der Tierkreiszeichen-Engel ist „Adnachiel“
„In Dir liegt die Kraft der Selbstentfaltung und der Vision. Selbstverwirklichung ist eine Tugend, in der Du Dein wahres Wesen, Dein Selbst, Dein Ich zur vollen Blüte und Reife bringst. „Liebe dich selbst!“ und „Liebe deinen Nächsten wie dich selbst.“

Der Schutzengel ist der „Engel der Klarheit“
„Du hast die Gabe, Deine inneren Blockaden gegen Deinen eigenen Fortschritt, gegen Dein Wachstum zu erkennen und aufzulösen. So verlierst Du nie das Ziel Deines Weges aus Deinen Augen. Vertraue Deiner inneren Führung!“

Der Wesens-Engel ist der „Engel der Spiritualität“
„Spiritualität ist die Ausrichtung auf die Urkraft, die der menschlichen Existenz zugrunde liegt. Sie ist ein Bindeglied zwischen Gott und den Menschen. Du musst nicht dem Leben entsagen und als Eremit oder Asket leben, um ein spirituelles Leben zu führen. Ein Heiliger, der nicht lachen kann, ist ein trauriger Heiliger. Die wahre Spiritualität zeigt sich in Deinem ganz alltäglichen Leben.“

Der Liebes-Engel ist der „Engel der Toleranz“
„Toleranz beinhaltet Respekt, Akzeptanz und Anerkennung der verschiedenen Kulturen, verschiedenen Ausdrucksformen und Gestaltungsweisen des Menschseins in all seinem Reichtum und seiner Vielfalt.“

Die Farbenpalette des Schützen reicht von Himmelblau bis hin zu Lapislazuli, Königsblau und Indigo.

◆ DER *STEINBOCK* UND SEINE ENGEL

„Cassiel“ regiert als Planetarischer Engel das Tierkreiszeichen „Steinbock“. *Er schenkt Dir Frieden, Gelassenheit und die Fähigkeit, Veränderungen in Deinem Leben willkommen zu heißen.*

Der Tierkreiszeichen-Engel ist „Nadiel“
„Nadiel hilft Dir, Deinen Weg der spirituellen Persönlichkeitsentwicklung, den Weg der Selbsterkenntnis, mit beiden Füßen fest auf dem Boden, zu gehen und Dein spirituelles Gleichgewicht nicht zu verlieren.“

Der Schutzengel ist der „Engel der Erkenntnis“
„Erkenne das Gesetz von Ursache und Wirkung, das Gesetz der Anziehung und der Resonanz. Nutze die daraus erwachsenen Erkenntnisse, um daran zu reifen und an dem Fortschritt der Welt mitzuwirken.“

Der Wesens-Engel ist der „Engel der Arbeit“
„Arbeite, um zu leben, aber lebe nicht nur, um zu arbeiten. Gott, als Dein himmlischer Vater, möchte, dass Du glücklich bist und dieses, Dein Leben, genießt. Schaffe für Dich ein Gleichgewicht zwischen Arbeit, Spaß und Spiritualität.“

Der Liebes-Engel ist der „Engel der Einsicht“
„Nutze die Einsicht, als bewusstes Resultat der Kombinationen aus Wahrnehmungen und Überlegungen, um in Dir einen Erkenntnisprozess auszulösen. Diese erlebten Erkenntnisse öffnen Dein Herz für den Segen der Liebe.“ Grün, Türkis und Bronze sind die Farben des Steinbocks.

◆ DER *WASSERMANN* UND SEINE ENGEL

„Uriel“ regiert als Planetarischer Engel das Tierkreiszeichen „Wassermann“. *Er schenkt Dir Kreativität, Einfühlungsvermögen und die Fähigkeit, schöpferische Energie für Deine Selbsttransformation zu nutzen.*

Der Tierkreiszeichen-Engel ist „Cambiel“
„Höre auf die wahre Stimme Deines Herzens, folge Deiner Intuition und verleugne dabei nicht Deine Werte und Deine hohen Ideale. Nur dann, wenn Du aus Deinem Herzen heraus handelst, werden Dich Deine Ziele mit Freude erfüllen.“

Der Schutzengel ist der „Engel der Selbstverwirklichung“
„Versuche, Deine eigenen Ziele, Sehnsüchte, Wünsche und Vorstellungen so gut es geht zu verwirklichen, damit Du Dein eigenes Wesen zur vollkommenen Entfaltung bringst. Dies ist jedoch nur dann möglich, wenn Du das Wesen der anderen mitberücksichtigst.“

Der Wesens-Engel ist der „Schutzengel“
„Sei rein und klar wie ein Engel und sei wie der Bote Gottes. Erkenne und hilf den anderen zu erkennen, was im Leben wesentlich und wichtig ist. Betrachte Dich und den anderen mit den Augen der Liebe, mit den Augen der Engel, die das Spiegelbild des himmlischen Vaters sind. “

Der Liebes-Engel ist der „Engel der Musik“
„Bestimmte Töne und Klänge haben eine heilende Wirkung auf die jeweilige Seele. Lasse Dich auf den Schwingen der himmlischen Melodien in das Reich der Liebe tragen und nimm diese Liebe mit zurück in Deine Beziehungen.“
Silber und alle Blautöne sind die Farben des Wassermanns.

◆ DER *FISCH* UND SEINE ENGEL

„Asariel“ und „Zadkiel“ regieren als Planetarische Engel das Tierkreiszeichen „Fische“. *Diese beiden Engel eröffnen Dir den Zauber der Natur für Deine medialen Wahrnehmungen. Sie helfen Dir dabei, Deine mediale Entwicklung mit Ruhe und Klarheit in Deine alltäglichen Verpflichtungen mit einzubetten.*

Der Tierkreiszeichen-Engel ist „Barchiel“
„Das Gebet ist ein vertrautes Gespräch mit Gott! Sprich zu ihm aus vollem und aus reinem Herzen. Sei voller Vertrauen und Zuversicht. Glaube daran, dass Du empfangen wirst, worum Du ihn gebeten hast.“

Der Schutzengel ist der „Engel der Unschuld“
„Tief in Deinem Herzen gibt es den Ort der Unschuld, den Ort der Reinheit und der allumfassenden Liebe, den Ort, der frei ist von Karma oder Sünde. Dort leuchtet der göttliche Funke, der in allen Seelen lebt. Ziehe Dich so oft wie möglich an diesen Ort, den Tempel Deines Herzens, zurück, um Dich mit der reinen Energie Gottes aufzuladen.“

Der Wesens-Engel ist der „Engel des Mitgefühls“
„Durch die göttliche Flamme der Liebe, die in Deinem Herzen lebt, hast Du die Fähigkeit, Dich in andere einzufühlen, mit ihnen zu fühlen und an ihrem Leid, ihrem seelischen Schmerz und ihrer Not Anteil zu nehmen. Es ist wichtig für Dich und die anderen, dass Du eine gewisse Distanz zu ihrem Schmerz hältst. Wenn Du ihr Leid als Deines annimmst, bedauerst Du Dich nur selbst und kannst weder Dir noch ihnen helfen!“

Der Liebes-Engel ist der „Engel der Unterscheidungskraft“
„Betrachte die jeweilige Situation als Ganze von außen und versuche, die verschiedenen Aspekte und Deutungen aus der Gesamtheit heraus von außen einzeln zu betrachten. Nimm

alle Gedanken, Gefühle und Vorstellungen wahr, um eine objektive Betrachtungsweise zu erlangen. Dann handele und entscheide mit der Liebe Deines Herzens.

Diese Aufzählung finden wir weder in der Bibel noch in den Apokryphen und auch nicht in der Kabbalah. Ich weiß nicht, woher sie stammt, wer sie aufgestellt hat oder mit welcher Intention dies geschehen ist. Aber ich finde es spannend, wie viele Menschen sich mit diesem Thema beschäftigen und woher plötzlich all die neueren Texte, Aufzählungen etc. stammen. Ich finde die Texte sehr schön. Der Ursprung dieser Aufzählung ist mir leider unbekannt. Sie ist aber (mit ähnlichen Beschreibungen) auf vielen Webseiten zu finden.

In dem Buch „Botschaften der Engel für das ganze Jahr", von Angela Mc Gerr, fand ich eine andere Quelle, in der ich viel über die entsprechenden Engel zu jedem Tierkreiszeichen nachlesen konnte, doch auch hier fiel mir auf, dass einige Namen zu den bestimmten Tierkreiszeichen etwas anders beschrieben sind.

Geburtsengel / Schutzengel

Hier nun eine Liste, in welche Schutzengel / Geburtsengel die interessierten Engel-Liebhaber sich einweihen lassen können.

1. Geburtsdatum 21.03. – 25.03.: Schutzengel „*Ehyliah*"
2. Geburtsdatum 26.03. – 30.03.: Schutzengel „*Jeliel*"
3. Geburtsdatum 31.03. – 04.04.: Schutzengel „*Sitael*"
4. Geburtsdatum 05.04. – 09.04.: Schutzengel „*Elemjah*"
5. Geburtsdatum 10.04. – 14.04.: Schutzengel „*Mahasjah*"
6. Geburtsdatum 15.04. – 20.04.: Schutzengel „*Lelahel*"
7. Geburtsdatum 21.04. – 25.04.: Schutzengel „*Achajah*"
8. Geburtsdatum 26.04. – 30.04.: Schutzengel „*Cahetel*"

9. Geburtsdatum 01.05. – 05.05.: Schutzengel „*Haziel*“
10. Geburtsdatum 06.05. – 10.05.: Schutzengel „*Aladjah*“
11. Geburtsdatum 11.05. – 15.05.: Schutzengel „*Lauviah*“
12. Geburtsdatum 16.05. – 20.05.: Schutzengel „*Hahajah*“
13. Geburtsdatum 21.05. – 25.05.: Schutzengel „*Iezael*“
14. Geburtsdatum 26.05. – 31.05.: Schutzengel „*Mebahel*“
15. Geburtsdatum 01.06. – 05.06.: Schutzengel „*Hariel*“
16. Geburtsdatum 06.06. – 10.06.: Schutzengel „*Hekamiah*“
17. Geburtsdatum 11.06. – 15.06.: Schutzengel „*Lauviah*“
18. Geburtsdatum 16.06. – 21.06.: Schutzengel „*Caliel*“
19. Geburtsdatum 22.06. – 26.06.: Schutzengel „*Leuviah*“
20. Geburtsdatum 27.06. – 01.07.: Schutzengel „*Pahaliah*“
21. Geburtsdatum 02.07. – 06.07.: Schutzengel „*Nelkhael*“
22. Geburtsdatum 07.07. – 11.07.: Schutzengel „*Yeiayel*“
23. Geburtsdatum 12.07. – 16.07.: Schutzengel „*Melahel*“
24. Geburtsdatum 17.07. – 22.07.: Schutzengel „*Hayuiah*“
25. Geburtsdatum 23.07. – 27.07.: Schutzengel „*Nith-Haiah*“
26. Geburtsdatum 28.07. – 01.08.: Schutzengel „*Ahayah*“
27. Geburtsdatum 02.08. – 06.08.: Schutzengel „*Yeratel*“
28. Geburtsdatum 07.08. – 12.08.: Schutzengel „*Seheiah*“
29. Geburtsdatum 13.08. – 17.08.: Schutzengel „*Reiyel*“
30. Geburtsdatum 18.08. – 22.08.: Schutzengel „*Omabel*“
31. Geburtsdatum 23.08. – 28.08.: Schutzengel „*Yecabel*“
32. Geburtsdatum 29.08. – 02.09.: Schutzengel „*Vasariah*“
33. Geburtsdatum 03.09. – 07.09.: Schutzengel „*Yehuiah*“
34. Geburtsdatum 08.09. – 12.09.: Schutzengel „*Lehahiah*“
35. Geburtsdatum 13.09. – 17.09.: Schutzengel „*Chavakhiah*“
36. Geburtsdatum 18.09. – 23.09.: Schutzengel „*Menadel*“
37. Geburtsdatum 24.09. – 28.09.: Schutzengel „*Aniel*“
38. Geburtsdatum 29.09. – 03.10.: Schutzengel „*Haamiah*“
39. Geburtsdatum 04.10. – 08.10.: Schutzengel „*Rehael*“
40. Geburtsdatum 09.10. – 13.10.: Schutzengel „*Yeiazel*“
41. Geburtsdatum 14.10. – 18.10.: Schutzengel „*Hahahel*“
42. Geburtsdatum 19.10. – 23.10.: Schutzengel „*Mikael*“

43. Geburtsdatum 24.10. – 28.10.: Schutzengel „*Yoliah*“
44. Geburtsdatum 29.10. – 02.11.: Schutzengel „*Yelahiah*“
45. Geburtsdatum 03.11. – 07.11.: Schutzengel „*Sehaliah*“
46. Geburtsdatum 08.11. – 12.11.: Schutzengel „*Ariel*“
47. Geburtsdatum 13.11. – 17.11.: Schutzengel „*Asaliah*“
48. Geburtsdatum 18.11. – 22.11.: Schutzengel „*Mihael*“
49. Geburtsdatum 23.11. – 27.11.: Schutzengel „*Vehuel*“
50. Geburtsdatum 28.11. – 02.12.: Schutzengel „*Daniel*
51. Geburtsdatum 03.12. – 07.12.: Schutzengel „*Hahasiah*“
52. Geburtsdatum 08.12. – 12.12.: Schutzengel „*Imamiah*“
53. Geburtsdatum 13.12. – 16.12.: Schutzengel „*Nanael*“
54. Geburtsdatum 17.12. – 21.12.: Schutzengel „*Nithael*“
55. Geburtsdatum 22.12. – 26.12.: Schutzengel „*Mebahiah*“
56. Geburtsdatum 27.12. – 31.12.: Schutzengel „*Poyel*“
57. Geburtsdatum 01.01. – 05.01.: Schutzengel „*Nemamiah*“
58. Geburtsdatum 06.01. – 10.01.: Schutzengel „*Yeiaiel*“
59. Geburtsdatum 11.01. – 15.01.: Schutzengel „*Harahel*“
60. Geburtsdatum 16.01. – 20.01.: Schutzengel „*Lizrael*“
61. Geburtsdatum 21.01. – 25.01.: Schutzengel „*Umabel*“
62. Geburtsdatum 26.01. – 30.01.: Schutzengel „*Iah-Hel*“
63. Geburtsdatum 31.01. – 04.02.: Schutzengel „*Amauel*“
64. Geburtsdatum 05.02. – 09.02.: Schutzengel „*Mehiel*“
65. Geburtsdatum 10.02. – 14.02.: Schutzengel „*Damabiah*“
66. Geburtsdatum 15.02. – 19.02.: Schutzengel „*Manakel*“
67. Geburtsdatum 20.02. – 24.02.: Schutzengel „*Eyael*“
68. Geburtsdatum 25.02. – 29.02.: Schutzengel „*Habuiah*“
69. Geburtsdatum 01.03. – 05.03.: Schutzengel „*Rochel*“
70. Geburtsdatum 06.03. – 10.03.: Schutzengel „*Jamabiah*“
71. Geburtsdatum 11.03. – 15.03.: Schutzengel „*Haiaiel*“
72. Geburtsdatum 16.03. – 20.03.: Schutzengel „*Mumiah*“

Die hier aufgelisteten Engel erinnern, bis auf wenige Ausnahmen, an die 72 Engelnamen in der Kabbalah. Teilweise fand ich in den unterschiedlichsten Listen eine ähnliche Schreibweise, nur wenige

Namen waren anders geschrieben, sie wirkten in den Buchstaben verdreht, z.B. den Engelname Nr.26 „Ahayah“ fand ich als Kabbalah-Engel-Name „Haajah“.

Bei den verschiedenen, ähnlich klingenden Einweihungsangeboten in den „Geburtsengel“ fand ich keine beschriebene Verbindung zu den 72 Engeln in der Kabbalah.

Die 72 Engel der Kabbalah – eine moderne esoterische Beschreibung

Ich habe das Angebot entdeckt, mich in die Engel der Kabbalah einweihen zu lassen. Aus esoterischer Sicht betrachtet, sollen diese Energien, wenn wir in sie eingeweiht werden, den Eingeweihten in ganz besondere mentale, emotionale und spirituelle Bewusstseinszustände bringen, die der Kraft und Qualität des jeweiligen Strahls der Engelenergien entsprechen. Hier werden die Einweihungen meist als Schutzengel-Einweihungen angeboten, als besonderer Schutzengel für die Geborenen eines bestimmten Datums oder eine Einweihung in eine bestimmte Engel-Energie, um diese zu bestimmten Aufgaben herbei zu bitten.

Einen Engel zwecks Erfüllung bestimmter Aufgaben herbeizurufen, hat für mich schon einen merkwürdigen Beigeschmack. Für mich persönlich fühlt es sich nicht richtig und nicht wichtig genug an, wenn ich einen Engel herbei bitte, der mir einen Parkplatz freihält. Gibt es nicht wichtigere Dinge im Leben, z.B. die eigene Persönlichkeit zu entdecken und sich mit Hilfe der Engel auf dem eigenen Weg der Selbsterkenntnis zu entwickeln?

Befinde ich mich im Fluss des Lebens, benötige ich dann überhaupt diese Art der Magie? Das Leben ist unsere Schule, wir sind hier, um zu lernen. Deshalb geschieht alles zur rechten Zeit und hat seine tiefere Bedeutung. Ich glaube, wenn wir, nur um eigennützige Befriedigung, Reichtum und Ruhm zu bekommen, die Engel des Lichtes um Hilfe bitten, werden wir nicht mit der Erfüllung unserer Wünsche rechnen können. Auch wird uns niemand unsere Verantwortung für unser Leben abnehmen und unsere Erfahrungen oder Lebensaufgaben auf sich nehmen, denn was wir nicht mit all unseren Sinnen er-leben, hat für uns letztendlich keine Bedeutung. Wenn wir jedoch aus wahrhaftigem Herzen heraus um Hilfe bei unserer Persönlichkeitsentwicklung auf dem Weg zurück ins Licht bitten, dann können wir uns der Hilfe Gottes und all seiner Engel gewiss sein. Vergessen wir bitte nicht, dass alle Engel von ihrem Ursprung her eine Erscheinungsform Gottes sind.

Aber auch das ist meine ganz persönliche Meinung. Bilden Sie sich bitte ihr eigenes Urteil!

1. *„Vehuja“*
   Seine Essenz ist: Der „WILLE“
   Diesen Engel können die Eingeweihten rufen, wenn neue Unternehmungen anstehen, die Willenskraft, Unterscheidungsgabe und Energie/Kraft benötigen. Vehuja kann ebenso dabei helfen, unüberlegtes Handeln, Gewalt und Wut zu überwinden.
   Er ist der besondere Schutzengel der vom 21. – 25. März Geborenen.

2. *„Jeliel“*
   Seine Essenz ist: Die „SYMPATHIE“
   Diesen Engel können die Eingeweihten rufen, wenn sie Hilfe für den Bereich Liebe/Partnerschaft benötigen, wenn er/sie sich Treue, Respekt und Harmonie in seiner Beziehung wünscht. Er hilft, hemmende Gefühle, wie übersteigerten Stolz, übermäßigen Egoismus und Achtlosigkeit in den eigenen Beziehungen, zu überwinden. Jeliel fördert die Fähigkeiten, „Liebe zu geben“, „Liebe zuzulassen“, „Liebe zu empfangen“ und sich „der Liebe in uns“ bewusst zu werden.
   Er ist der besondere Schutzengel der vom 26. – 30. März Geborenen.

3. *„Sitael“*
   Seine Essenz ist: Die „HOFFNUNG“
   Diesen Engel können die Eingeweihten rufen, wenn sie Hilfe bei der Überwindung von Widrigkeiten und Schicksalsschlägen benötigen, die in ihren Herzen festhängen. Sitael hilft, ein versteinertes Herz zu heilen, indem er uns dabei unterstützt, die

Fähigkeiten des „Friedens", der „Nachsicht" und der „Zufriedenheit" wiederherzustellen. Er hilft uns dabei, Scheinheiligkeit, Undankbarkeit und Unehrlichkeit zu überwinden.
Er ist der besondere Schutzengel der vom 31. März – 4. April Geborenen.

4. *„Elemiah"*
   Seine Essenz ist: Die „GÖTTLICHE MACHT"
   Diesen Engel können die Eingeweihten rufen, wenn sie Hilfe dabei brauchen, dass eigene Leben, den eigenen Lebensrhythmus wieder in konstruktive, schöpferische Bahnen zu lenken. Elemiah kann uns dabei unterstützen, das Ende schlechter Zeiten zu erreichen, die systematische Störung des Guten in uns und um uns herum, durch uns selbst oder durch andere, zu überwinden. Er begleitet uns zum Erfolg in unserem Beruf und lehrt uns, Macht über das eigene Schicksal zu erlangen. Gerne hilft er uns dabei, die Magie der Kabbalah zu verstehen.
   Er ist der besondere Schutzengel der vom 5. – 9. April Geborenen.

5. *„Mahasiah"*
   Seine Essenz ist: Die „WANDLUNG"
   Diesen Engel können die Eingeweihten rufen, wenn sie Hilfe benötigen, um sich nicht von Dingen, die scheinbar in schiefen Bahnen verlaufen, von dem selbstgewählten Weg abbringen zu lassen. Er unterstützt uns bei jeglicher Prüfung, die das Leben mit sich bringt, auch in Prüfungen unseres Berufes (Schule, Studium etc.). Mahasiah hilft uns dabei, übermäßigen Stolz, Größenwahn, ungesunde Sexualität und jegliche Art von religiösem Fanatismus zu überwinden.
   Mahasiah unterstützt den eingeweihten Heiler/Arzt bei der Heilarbeit, wenn er darum gebeten wird.
   Er ist der besondere Schutzengel der vom 10. – 14. April Geborenen.

6. *„Lelahel“*
   Seine Essenz ist: Das „LICHT“
   Der Magier ruft Lelahel, um energetischen Schutz auf einen Talisman oder ein Amulett zu übertragen.
   Diesen Engel können die Eingeweihten rufen, um Glück und eine gute Zukunft zu erbitten. Er weckt in uns die Kreativität, sensibilisiert unsere Auffassungsgabe und bestärkt uns in unseren positiven Gedanken und Wünschen. Lelahel unterstützt uns bei der Überwindung von übermäßigem Ehrgeiz und Täuschungen jeglicher Art.
   Er wirkt hilfreich bei der Schwangerschaft und Geburt. Ebenso unterstützt Lelahel den eingeweihten Heiler/Arzt bei der sinnvollen Medikamenten- und Therapiewahl sowie in der Schwangerschafts- und Geburtsbegleitung.
   Er ist der besondere Schutzengel der vom 15. – 20. April Geborenen.

7. *„Achaiah“*
   Seine Essenz ist: Die „GEDULD“
   Diesen Engel können die Eingeweihten rufen, wenn sie Leichtigkeit und Geduld benötigen, um vor sich liegende Hindernisse fließend und mühelos überwinden zu können. Er öffnet unseren Blick auf die ursächliche Entstehung des Problems und lenkt unsere Sicht auf die praktikable Lösung zum Besten aller Beteiligten. Achaiah wirkt unterstützend bei der Überwindung von Eifersucht, Faulheit, Trägheit, Unaufmerksamkeit, Rücksichtslosigkeit und Nachlässigkeit.
   Er ist der besondere Schutzengel der vom 21. – 25. April Geborenen.

8. *„Cahetel“*
   Seine Essenz ist: „GOTTVERTRAUEN“
   Diesen Engel können die Eingeweihten rufen, wenn sie Klarheit im eigenen Gefühlsleben finden möchten oder auch die

wahren Gefühle anderer klar nachempfinden oder erkennen möchten. So ist er ein wichtiger Helfer für alle Therapeuten und seelischen/spirituellen Berater und Lehrer.
Cahetel kann mit seiner Energie das Wachstum der Pflanzen positiv beeinflussen. Er ist bewandert in der Magie der Elemente und kann somit alle Naturphänomene lenken, die mit Wasser zu tun haben.
Er ist der besondere Schutzengel der vom 26. – 30. April Geborenen.

9. *„Haziel"*
Seine Essenz ist: „BARMHERZIGKEIT"
Haziel schenkt uns sein Verzeihen. Diesen Engel können die Eingeweihten rufen, wenn sie Versöhnung suchen. Er unterstützt uns dabei, Hass, Wut und Groll zu überwinden, um so Feindschaften beenden zu können und unser Herz auf allen Ebenen zu heilen. Barmherzigkeit hilft uns, die Trennung von Gott zu überwinden und wieder in uns zu vereinen.
Er ist der besondere Schutzengel der vom 1. – 5. Mai Geborenen.

10. *„Aladiah"*
Seine Essenz ist: Die „ANMUT"
Diesen Engel können die Eingeweihten rufen, wenn sie karmische Hindernisse in diesem Leben auflösen möchten. Er ermöglicht uns die Vergebung der karmischen Schuld und somit einen wertfreien Neubeginn. Aladiah stärkt die Werte und Tugenden, z.B. Bescheidenheit, Friedfertigkeit, Güte, Großmut, Achtung, Freundschaft und Liebe, die in uns allen keimen und wirken möchten. Er hilft uns, destruktive Gefühle, wie Gewaltbereitschaft, Grausamkeit, Masochismus, Hass und mangelnde Selbstachtung, zu überwinden.

Ebenso unterstützt Aladiah den Arzt/Therapeuten bei der Heilung von Süchten und Zwängen jeglicher Art. Er hilft dabei, die Ursachen der Krankheiten zu erkennen.
Er ist der besondere Schutzengel der vom 6. – 10. Mai Geborenen.

11. „Lauviah

Seine Essenz ist: „SIEG und RUHM“
Er vermittelt Führungsqualitäten! Diesen Engel können die Eingeweihten rufen, wenn sie die eigenen Führungsqualitäten durch Zuverlässigkeit, Verantwortungsbewusstsein, Pflichtbewusstsein, Ehre, Stabilität, Ausdauer und Freude durch den Dienst am Menschen stärken möchten.
Lauviah unterstützt den eingeweihten Arzt und Therapeuten bei allen Arten von Knochenerkrankungen.
Er ist der besondere Schutzengel der vom 11. – 15. Mai Geborenen.

12. „Hahaiah“

Seine Essenz ist: Die „ZUFLUCHT“
Diesen Engel können die Eingeweihten rufen, wenn sie tiefe mystische Erfahrungen machen möchten. Er unterstützt uns dabei, die schwierigsten Hindernisse zu überwinden und Feinde zu Freunden zu machen. Hahaiah begünstigt die Entwicklung und die Stärkung unserer besten Charaktereigenschaften. Er hilft uns dabei, die Liebe in ihrer reinsten und edelsten Form in uns zu entdecken und zum Ausdruck zu bringen.
Mit der Hilfe von Hahaiah können wir kriminelle und gewalttätige Eigenschaften, die vielleicht in uns schlummern, in das Licht und die Energie der Liebe transformieren.
Er ist der besondere Schutzengel der vom 16. – 20. Mai Geborenen.

13. „Jezalel“

Seine Essenz ist: Die „TREUE“

Diesen Engel können die Eingeweihten rufen, wenn sie Unterstützung suchen, um die Erfahrungen von Lug, Betrug, Untreue, Unehrlichkeit und Falschheit zwischen zwei oder mehreren Menschen und die daraus resultierenden emotionalen Schäden zu überwinden. Jezalel unterstützt uns in dem Talent der Rede und des Schreibens. Er schenkt uns Klarheit in unseren Wahrnehmungen und stärkt unser Gedächtnis.

Er ist der besondere Schutzengel der vom 21. – 25. Mai Geborenen.

14. „Mebahel“

Seine Essenz ist: Die „WAHRHEIT und GERECHTIGKEIT“

Diesen Engel können die Eingeweihten zu allen juristischen Themen rufen, egal ob es sich um einen Vertrag, einen Prozess oder das eigene Jura-Studium handelt. Ebenso unterstützt uns Mebahel in der Partnerschaft dabei, jegliche Instabilität und moralische Abweichung zu überwinden. Er hilft uns, die Wahrhaftigkeit in unseren Herzen zu entdecken, um so eine erfüllte und vollkommen glückliche Beziehung zu leben.

Er ist der besondere Schutzengel der vom 26. – 31. Mai Geborenen.

15. „Hariel“

Seine Essenz ist: Die „REINIGUNG“

Er schützt uns vor jeglicher Art negativer Energien und negativer Wesenheiten!

Diesen Engel können die Eingeweihten rufen, wenn sie Unterstützung benötigen bei der Klärung, Reinigung und Auflösung von schlechten Angewohnheiten. Er unterstützt uns darin, Einsicht, Nachsicht, Klarsicht, Toleranz, Frieden und Verständnis für uns selbst und unsere Mitmenschen zu entwickeln.

Er ist der besondere Schutzengel der vom 1. – 5. Juni Geborenen.

16. *„Hakamiah“*
Seine Essenz ist: Die „GENAUIGKEIT und ZUVERLÄSSIGKEIT“
Diesen Engel können die Eingeweihten rufen, wenn sie Ehrlichkeit und Wahrhaftigkeit in ihren jeweiligen Führungspositionen anstreben, um auf diesem Wege, Liebe, Ehre, Anerkennung und Ruhm zu erlangen. Hakamiah unterstützt uns dabei, alles Verräterische, Falsche, Unrechte und jeden Rechtsbruch mit seiner Hilfe zu bezwingen.
Er ist der besondere Schutzengel der vom 6. – 10. Juni Geborenen.

17. *„Loujah“*
Seine Essenz ist: Die „INTUITION und INSPIRATION“
Diesen Engel können die Eingeweihten rufen, wenn sie sensitive musikalische Sinnenseindrücke empfangen möchten, um sich als Musiker inspirieren zu lassen und ebenso, um auf diese Weise höheres Wissen zu empfangen. Loujah unterstützt uns dabei, seelischen Kummer und Trauer zu überwinden. Wir können ihn um Hilfe bitten bei Schlaflosigkeit und aufkeimenden Ängsten während der Nacht.
Er ist der besondere Schutzengel der vom 11. – 15. Juni Geborenen.

18. *„Caliel“*
Seine Essenz ist: Die „RECHTSCHAFFENHEIT“
Diesen Engel können die Eingeweihten rufen, wenn sie rasche Hilfe in einer Notsituation benötigen. Er hilft uns in jeder Situation!
Er ist der besondere Schutzengel der vom 16. – 21. Juni Geborenen.

19. „Leuviah"

Seine Essenz ist: „LAUTERKEIT" (Charakterstärke) und „GERECHTIGKEIT"

Diesen Engel können die Eingeweihten rufen, wenn sie Hilfe benötigen bei der Überwindung von Langeweile, Hoffnungslosigkeit, trüben Gedanken und Pessimismus. Er schenkt uns Klugheit, Weisheit, ein perfektes Gedächtnis und ein sehr gutes Urteilsvermögen. Leuviah hilft uns dabei, unsere falschen Entscheidungen, unsere Fehltritte wiedergutzumachen und befreit uns dadurch von einem schlechten Gewissen. Er unterstützt uns ebenso darin, unsere Freundschaften zu pflegen.

Er ist der besondere Schutzengel der vom 22. – 26. Juni Geborenen.

20. „Pahaliah"

Seine Essenz ist: Die „GELASSENHEIT"

Diesen Engel können die Eingeweihten rufen, wenn sie ihre Selbstachtung, Entschlusskraft, Tatkraft, Standhaftigkeit und ihr diszipliniertes Arbeiten stärken möchten. Er hilft uns dabei, unsere innere Wahrheit zu leben und somit unseren Teil dazu beizutragen, das Gute in der Welt wiederherzustellen. Pahaliah unterstützt uns dabei, Mutlosigkeit, Zügellosigkeit und alle Formen der moralischen Schwäche zu überwinden.

Er ist der besondere Schutzengel der vom 27. Juni – 1. Juli Geborenen.

21. „Nelchael"

Seine Essenz ist: Die „SPIRITUELLE REIFE"

Diesen Engel können die Eingeweihten rufen, wenn sie Schutz brauchen vor negativen Einflüssen. Er schützt uns vor Verleumdern, bösen Geistern und üblem Zauber. Nelchael unterstützt uns dabei, destruktives Denken, wie z.B. die Neigung zu Vorurteilen, Trübsinn und Pessimismus, zu überwinden.

Er ist der besondere Schutzengel der vom 2. – 6. Juli Geborenen.

22. *„Yeiayel"*
Seine Essenz ist: Die „BERÜHMTHEIT"
Diesen Engel können die Eingeweihten rufen, wenn sie Ansehen, Ehre, Ruhm und Reichtum erlangen möchten. Er schützt uns auf unseren Reisen. Yeiayel hilft uns dabei, ehrsame Gefühle und Denkweisen zu entwickeln. Er unterstützt uns dabei, niedere Gefühle und Denkweisen zu überwinden.
Er ist der besondere Schutzengel der vom 7. – 11. Juli Geborenen.

23. *„Melahel"*
Seine Essenz ist: Die „HEILUNG"
Diesen Engel können die Eingeweihten rufen, wenn sie Hilfe benötigen, um schlechte und destruktive Gewohnheiten zu überwinden. Er unterstützt uns dabei, Klarheit, Unvoreingenommenheit und Objektivität zu erlangen.
Melahel ist kundig in Phytotherapie und Homöopathie. Die eingeweihten Ärzte oder Therapeuten können ihn rufen, wenn sie auf diesen Gebieten der alternativen Medizin Unterstützung benötigen.
Er ist der besondere Schutzengel der vom 12. – 16. Juli Geborenen.

24. *„Hahuiah"*
Seine Essenz ist: Der „SCHUTZ"
Diesen Engel können die Eingeweihten rufen, wenn sie Schutz in gefährlichen Situationen benötigen. Er zwingt Diebe zur Rückgabe des Diebesgutes und Kriminelle zur Abgabe eines Geständnisses. Hahuiah ist uns behilflich bei der Kommunikation und fördert unsere Konzentration und unser Gedächtnis. Er hilft uns dabei, unsere emotionale Gesundheit wiederherzustellen und zu kräftigen.

Er ist der besondere Schutzengel der vom 17. – 22. Juli Geborenen.

25. „Nithaiah"

Seine Essenz ist: Die „STILLE"

Diesen Engel können die Eingeweihten rufen, wenn sie den eigenen inneren Frieden und die Stille in sich finden wollen. Er lehrt uns die magische Fähigkeit des Vorhersagens/Vorherwissens und das Lenken spiritueller Kräfte.

Er ist der besondere Schutzengel der vom 23. – 27. Juli Geborenen.

26. „Haaiah"

Seine Essenz ist: Die „GERECHTIGKEIT"

Diesen Engel können die Eingeweihten rufen, wenn sie Unterstützung und Erfolg in der Politik, als Jurist und als Gesetzeshüter haben möchten. Er unterstützt uns dabei, bei einer Gerichtsverhandlung unser verdientes Recht zu bekommen.

Er ist der besondere Schutzengel der vom 28. Juli – 1. August Geborenen.

27. „Yeratel"

Seine Essenz ist: Die „KOMMUNIKATION"

Diesen Engel können die Eingeweihten rufen, wenn sie Voreingenommenheit, Fanatismus, Intoleranz, Anmaßung und Pessimismus überwinden möchten. Er schenkt uns Hoffnung, Zuversicht und innere Zufriedenheit. Yeratel nennt man auch den Überbringer der göttlichen Vergebung. Er befreit uns von den Altlasten der Vergangenheit, damit wir mit Zuversicht nach vorne schauen und in unsere Zukunft gehen können. Durch die Gabe seiner lichtvollen Kommunikation ist er ein wertvoller Begleiter für alle Redner und Schriftsteller.

Er ist der besondere Schutzengel der vom 2. – 6. August Geborenen.

28. „Seheiah“

Seine Essenz ist: Die unverfälschte „INUITION“

Diesen Engel können die Eingeweihten rufen, wenn sie Hilfe bei der Überwindung von jeglicher Art der Abhängigkeit, Verwirrung und Negativität des Geistes benötigen. Er schützt uns vor Unfällen und Naturkatastrophen. Seheiah schenkt uns Heiterkeit, Zuversicht, energetische Stärkung und die Gewissheit, dass letztendlich immer das Licht siegt. Man nennt ihn auch den Schutzherrn der Ärzte und Heiler.

Er ist der besondere Schutzengel der vom 7. – 12. August Geborenen.

29. „Reiyel“

Seine Essenz ist: Die „WAHRHAFTIGKEIT“

Diesen Engel können die Eingeweihten rufen, wenn sie Hilfe benötigen bei der Umsetzung ihrer spirituellen Anliegen in der materiellen Welt. Er verbindet uns mit den höheren Wissensebenen, die dazu beitragen, unsere Gewissenhaftigkeit und Wahrhaftigkeit zu entdecken, um diese zu leben. Reiyel unterstützt uns dabei, Falschheit, Vorurteile, Verblendung, Unwahrheit und Scheinheiligkeit zu überwinden. Er ist der besondere Schutzengel der vom 13. – 17. August Geborenen.

30. „Omael“

Seine Essenz ist: Die „FRUCHTBARKEIT“

Diesen Engel können die Eingeweihten rufen, wenn sie Hilfe dabei benötigen, Unfruchtbarkeit und Sterilität zu überwinden. Omael hilft Mensch, Tier und Pflanze, fruchtbar zu sein und sich zu vermehren. Er ist der Heiler und Beschützer der Tiere und somit ein wertvoller Begleiter für alle Veterinärmediziner und Tierheilkundler.

Er ist der besondere Schutzengel der vom 18. – 22. August Geborenen.

31. *„Lecabel"*

Seine Essenz ist: Die Anwendung der „BEGABUNGEN"

Diesen Engel können die Eingeweihten rufen zur Förderung der eigenen Begabungen, wie der Hellsichtigkeit, der Hellsinne im Allgemeinen und des Rednertalentes. Er fördert die Klarheit der Wahrnehmungen, die Entschlusskraft zur Umsetzung der eigenen Talente und hilft uns dabei, den Pfad der Erleuchtung zu gehen.

Er ist der besondere Schutzengel der vom 23. – 28. August Geborenen.

32. *„Vasariah"*

Seine Essenz ist: Die „GERECHTIGKEIT"

Diesen Engel können die Eingeweihten rufen, wenn sie Unterstützung während der Begegnung mit Widersachern, falschen Freunden, bösen Konkurrenten, Betrügern und Heuchlern benötigen. Vasariah schützt die Menschen, die mit ihrer innewohnenden Größe und Macht das Göttliche auf Erde wirken lassen und somit zu einem Vorbild für die gesamte Menschheit werden.

Er ist der besondere Schutzengel der vom 29. August – 2. September Geborenen.

33. *„Yehuiah"*

Seine Essenz ist: Die „DISZIPLIN"

Diesen Engel können die Eingeweihten rufen, wenn sie vor einer Prüfung stehen und Unterstützung benötigen, um diese zu bestehen. Er hilft uns, sinnvolle und praktikable Lösungen für ein bestehendes Problem zu finden. Yehuiah fördert unsere Tugenden der Disziplin, der Besonnenheit, der Selbstbeherrschung und des Pflichtbewusstseins. Er unterstützt uns dabei, den niederen Impulsen zu widerstehen.

Er ist der besondere Schutzengel der vom 3. – 7. September Geborenen.

34. „Lehahiah"

Seine Essenz ist: Die „GEWALTLOSIGKEIT"

Diesen Engel können die Eingeweihten rufen, wenn sie Hilfe dabei benötigen, den eigenen oder den Zorn eines anderen zu besänftigen und somit gewalttätige Tendenzen im Keime zu ersticken. Er unterstützt uns dabei, Uneinigkeit, Feindseligkeit und Misstrauen zu überwinden. Lehahiah schenkt uns den Erfolg, der aus disziplinierter Arbeit und dem Dienst an einer höheren Aufgabe resultiert. Er fördert unsere Charaktereigenschaften der Ausdauer, Zuverlässigkeit, Ehrlichkeit, Ernsthaftigkeit, Hilfsbereitschaft und dem Respekt, den wir jedem einzelnen Menschen gegenüber zollen.

Er ist der besondere Schutzengel der vom 8. – 12. September Geborenen.

35. „Chavakiah"

Seine Essenz ist: Die „VERSÖHNUNG"

Diesen Engel können die Eingeweihten rufen, wenn sie Vergebung erhalten möchten von den Menschen, die sie, bewusst oder unbewusst, in Gedanken, Worten und/oder Taten verletzt haben. Er schenkt allen Beteiligten die notwendige Ruhe, damit eine gemeinsame Lösung bei jeder Art der Unstimmigkeit, Verletztheit oder eines Streites gefunden werden kann. Chavakiah schenkt uns Frieden und Harmonie und verwandelt Feinde in Freunde. Er unterstützt uns dabei, Uneinigkeit, Rechthaberei, Streitsucht und Selbstsucht zu überwinden und so die Möglichkeit der Versöhnung in unsere Herzen zu bringen. Man nennt ihn auch den Engel der brüderlichen Liebe.

Er ist der besondere Schutzengel der vom 13. – 17. September Geborenen.

36. „Menadel"

Seine Essenz ist: Die „ARBEIT"

Diesen Engel können die Eingeweihten rufen, wenn sie Erlösung wünschen aus äußeren und inneren Zuständen der Unterdrückung, Erniedrigung und Gefangenschaft. Menadel unterstützt uns bei der inneren und äußeren Arbeit und hilft uns, die Fortschritt hemmende Faulheit zu überwinden.

Er ist der besondere Schutzengel der vom 18. – 23. September Geborenen.

37. „Aniel"

Seine Essenz ist: Der „VERWIRKLICHUNG"

Diesen Engel können die Eingeweihten rufen, wenn sie Unterstützung dabei benötigen, den eingeschlagenen rechten spirituellen Weg mit Entschlossenheit, Willenskraft und Vertrauen bis zum Ende zu gehen. Aniel unterstützt uns dabei, aus veralteten, hinderlichen Mustern auszubrechen und der eigenen inneren Wahrheit zu folgen. Er hilft uns, alle inneren und äußeren Widerstände zu überwinden.

Er ist der besondere Schutzengel der vom 24. – 28. September Geborenen.

38. „Haamiah"

Seine Essenz ist: Der „SCHUTZ"

Diesen Engel können die Eingeweihten rufen, wenn sie Schutz und Führung auf dem eigenen spirituellen Weg benötigen. Er hilft uns, den Pfad der Erkenntnis und der Wahrheit zu gehen und wehrt alle negativen Kräfte ab, die uns auf diesem Weg behindern wollen. Diejenigen unter uns, die mit Ethik, Moral, Ehrlichkeit und Wahrhaftigkeit den Weg zum Licht Gottes gehen, dürfen Haamiah um Unterstützung bitten. Er darf alle schlechten Energien abwehren, negative Wünsche anderer auflösen und jegliche Art und Form von Negativität aus unserer Umgebung entfernen. Er stärkt und schützt uns auf unserem Weg.

Er ist der besondere Schutzengel der vom 29. September – 3. Oktober Geborenen.

39. „Rehael“

Seine Essenz ist: Die „HARMONIE“ innerhalb der Familie
Diesen Engel können die Eingeweihten rufen, wenn sie spezifische karmische Verbindungen erkennen und auflösen möchten, die innerhalb der Familie für Lieblosigkeit, Neid, Hass und Respektlosigkeit Verantwortung tragen. Rehael schenkt uns Gesundheit, Harmonie und Nächstenliebe. Er hilft uns auf vielen verschiedenen Ebenen, die unterschiedlichsten Lebensbereiche zu erneuern und wieder ins Gleichgewicht zu bringen, wenn wir ihn darum bitten.
Er ist der besondere Schutzengel der vom 4. – 8. Oktober Geborenen.

40. „Yeiazel“

Seine Essenz ist: Die „KLÄRUNG“
Diesen Engel können die Eingeweihten rufen, wenn sie einen Weg suchen, um aus ihren negativen Gedanken- und Gefühlszuständen herauszufinden. Yeiazel hilft uns, uns unsere Emotionen bewusst zu machen, Klärung zu finden und somit seelische Disharmonien und Sorgen aufzulösen. Er schenkt uns Trost, Zuversicht und befreit uns von jeglicher innerer und äußerer Unterdrückung.
Er ist der besondere Schutzengel der vom 9. – 13. Oktober Geborenen.

41. „Hahahel“

Seine Essenz ist: Die „GEISTLICHKEIT“
Diesen Engel können die Eingeweihten rufen, wenn sie Hilfe dabei benötigen, materielles Denken, niedere Spiritualität

und Gottlosigkeit zu überwinden. Hahahel schenkt uns die reine, bedingungslose Liebe zum Göttlichen und begleitet den wahren spirituellen Lehrer auf seinem geistigen Weg. In dieser Liebe aktiviert er in uns die Gabe der heilenden Hände.
Er ist der besondere Schutzengel der vom 14. – 18. Oktober Geborenen.

42. *„Mikael"*

Seine Essenz ist: Die „ORDNUNG"
Diesen Engel können die Eingeweihten rufen, wenn sie Hilfe dabei benötigen, in den verschiedensten Lebensbereichen und Situationen diplomatisches Handeln anwenden zu können. Mikael öffnet unsere Sinne für die Themen Verantwortung, Respekt, Disziplin und Gewissenhaftigkeit im Umgang mit uns selbst und anderen. Er hilft uns, Verrat, Verschwörung, unlautere Machenschaften jeglicher Art zu erkennen und diese mit Takt, Besonnenheit und Klugheit zu besiegen.
Er ist der besondere Schutzengel der vom 19. – 23. Oktober Geborenen.

43. *„Veuliah"*

Seine Essenz ist: Die „FÜLLE"
Diesen Engel können die Eingeweihten rufen, wenn sie Hilfe dabei benötigen, die materiellen Instinkte und die geistigen Werte in ein natürliches Gleichgewicht zu bringen, welches uns hier auf Erden den ersehnten Wohlstand beschert. Veuliah hilft uns dabei, Neid, Missgunst, Eifersucht und Selbstsucht zu überwinden, um der materiellen und geistigen Fülle den Raum zu bieten, der uns liebevoll, freundlich, großzügig, wohlwollend und hilfsbereit werden lässt.
Er ist der besondere Schutzengel der vom 24. – 28. Oktober Geborenen.

44. „Yelahiah"

Seine Essenz ist: Der „ERFOLG"

Diesen Engel können die Eingeweihten rufen, wenn sie wahrhaftige Herzenswünsche haben, für sich selbst oder einen anderen, bei deren Verwirklichung sie Hilfe benötigen. Yelahiah übermittelt die Gabe der göttlichen Heilung, die aus einem bedingungslos liebenden Herzen entspringt. Die Gabe der Heilung, die Blinde sehend, Taube hörend und den geistig Verwirrten wieder klar im Geiste werden lässt.

Er ist der besondere Schutzengel der vom 29. Oktober – 2. November Geborenen.

45. „Sehaliah"

Seine Essenz ist: Die „ENTSCHLUSSKRAFT"

Diesen Engel können die Eingeweihten rufen, wenn sie Hilfe dabei benötigen, diejenigen unter uns zu enttarnen, die sich mit dunkler Magie beschäftigen, um andere zu manipulieren, sich Vorteile zu verschaffen, um sich dadurch zu bereichern und über andere erheben zu können. Sehaliah hilft den so Geschädigten, wieder zu ihrem Recht zu kommen, und rehabilitiert die zu Unrecht Gedemütigten. Die Eingeweihten, die reinen Herzens sind und deren Persönlichkeit jeglichen Machtmissbrauch ausschließt, lehrt er im Umgang mit den Schutztechniken und machtvollen Worten, die dem Licht dienen und ihm zum Sieg verhelfen.

Er ist der besondere Schutzengel der vom 3. – 7. November Geborenen.

46. „Ariel"

Seine Essenz ist: Der „MUT"

Diesen Engel können die Eingeweihten rufen, wenn sie Willenskraft, Unterscheidungskraft, Unbeugsamkeit, und Unbeeinflussbarkeit benötigen, um Kraft der Gabe der Hellsicht die Erkenntnis der Vergangenheit, die Enthüllungen der Gegen-

wart und den möglichen Verlauf der Zukunft klar und unverfälscht empfangen und lesen zu können. Ariel hilft uns bei der Überwindung jeglicher psychischer Verirrung und Schwächezuständen unseres Geistes. Er unterstützt uns bei der Entwicklung eines klaren und tugendhaften Charakters.
Er ist der besondere Schutzengel der vom 8. – 12. November Geborenen.

47. *„Asaliah"*
Seine Essenz ist: Die „BESCHAULICHKEIT"
Diesen Engel können die Eingeweihten rufen, wenn sie Unterstützung dabei benötigen, sowohl die weltlichen als auch die geistigen Gesetzmäßigkeiten zu erkennen, zu verstehen, ins Gleichgewicht zu bringen und zu leben. Asaliah schenkt uns die dazu notwendigen Fähigkeiten der Weitsicht, Einsicht, Charakterstärke, emotionalen Unabhängigkeit und das notwendige Streben nach der göttlichen Wahrheit.
Er ist der besondere Schutzengel der vom 13. – 17. November Geborenen.

48. *„Mihael"*
Seine Essenz ist: Die „SCHÖPFUNG"
Diesen Engel können die Eingeweihten rufen, wenn sie Hilfe benötigen in ihrer Partnerschaft, bei Meinungsverschiedenheiten, Missstimmungen, Untreue, Entzweiung und um Eheprobleme jeglicher Art zu überwinden. Mihael schenkt uns die Fruchtbarkeit, um Nachkommen zu empfangen.
Er ist der besondere Schutzengel der vom 18. – 22. November Geborenen.

49. „Vehuel“

Seine Essenz ist: Die „ERHEBUNG DER GÖTTLICHEN SCHÖPFUNG“

Diesen Engel können die Eingeweihten rufen, wenn sie die strahlende Schönheit der göttlichen Schöpfung in allem erkennen und mit den Sinnen wahrnehmen möchten. Er schenkt uns Glück, Freude und Zufriedenheit im Erkennen und Wahrnehmen dieser Schönheit. Vehuel unterstützt uns dabei, Hass, Zorn, Selbstsucht und Härte zu überwinden, die in unseren Herzen die Illusionen der Angst, des Kummers und der Verlassenheit von Gott vorgaukeln. Er hilft den Eingeweihten, die reinen Herzens sind, die Gabe der Weissagung und der Hellsicht zu nutzen.

Er ist der besondere Schutzengel der vom 23. – 27. November Geborenen.

50. „Daniel“

Seine Essenz ist: Die „KOMMUNIKATION“

Diesen Engel können die Eingeweihten rufen, wenn sie Hilfe dabei benötigen, hinzuhören, zu verstehen und sich mitzuteilen. Er schenkt uns die Gabe der diplomatischen und einfühlsamen Kommunikation. Das gesprochene Wort kann aufbauen oder zerstören, es kann heilen oder vernichten! Daniel tröstet uns in scheinbar aussichtslosen Lebenslagen und führt uns aus schwierigen Situationen heraus, indem er uns unsere Antworten finden lässt.

Er ist der besondere Schutzengel der vom 28. November – 2. Dezember Geborenen.

51. „Hahasiah“

Seine Essenz ist: Die „WEISHEIT“

Diesen Engel können die Eingeweihten rufen, wenn sie die universelle Energie des Kosmos benötigen, um sich selbst oder andere zu heilen. Die Ärzte, Heilpraktiker und Heiler, die Hahasiah um Unterstützung in ihrer Heilarbeit bitten, werden den

Hilfesuchenden auf verschiedenen Ebenen, auf ungeahnten Wegen, erfolgreich helfen können. Er schenkt uns Einsicht, Verständnis, Erkenntnis und die darauf folgende Weisheit. Hasiah hilft uns dabei, alle hemmenden Gefühle, die unserer eigenen Herzensgüte im Weg stehen, zu überwinden.
Er ist der besondere Schutzengel der vom 3. – 7. Dezember Geborenen.

52. *„Imamiah"*
Seine Essenz ist: Die „LÄUTERUNG"
Diesen Engel können die Eingeweihten rufen, wenn sie Unterstützung dabei benötigen, die inneren und äußeren Feinde zu überwinden. Er hilft uns dabei, ein mangelhaftes Selbstwertgefühl und jegliches schlechtes Gewissen aufzuheben, indem er uns unsere inneren emotionalen Verstrickungen erkennen lässt. Imamiah schenkt uns Kraft und Schutz auf all unseren Wegen.
Er ist der besondere Schutzengel der vom 8. – 12. Dezember Geborenen.

53. *„Nanael"*
Seine Essenz ist: Die „NÄCHSTENLIEBE"
Diesen Engel können die Eingeweihten rufen, wenn sie Hilfe dabei benötigen, aus dem reinen Herzen heraus zu handeln und zu kommunizieren. Er hilft uns dabei, Selbstsucht, Arroganz, Ignoranz und Voreingenommenheit zu überwinden. Nanael schenkt uns inneren Frieden, inneres Gleichgewicht und öffnet unsere Herzen für die Freude an dem Dienst für unseren Nächsten.
Tierliebhaber, Tierärzte und Tierheilpraktiker können Nanael um Hilfe bitten bei der Kommunikation mit den Tieren.
Er ist der besondere Schutzengel der vom 13. – 16. Dezember Geborenen.

54. „Nithael"

Seine Essenz ist: Die „KREATIVITÄT"

Diesen Engel können die Eingeweihten rufen, wenn sie Hilfe dabei benötigen, Verlust, Armut und Beschwerlichkeit zu überwinden sowie Verschwörungen zu enthüllen, um diese abzuwenden. Er schenkt uns den strahlenden Glanz der wahren Schönheit für uns selbst und um diese weiterzugeben. Nithael ist der liebevolle und inspirierende Begleiter aller Schriftsteller, Maler, bildenden Künstler und Komponisten, die den hohen Idealen und inneren Werten folgen.

Er ist der besondere Schutzengel der vom 17. – 21. Dezember Geborenen.

55. „Mebahiah"

Seine Essenz ist: Die „KLARHEIT"

Diesen Engel können die Eingeweihten rufen, wenn sie Hilfe dabei benötigen, in ihnen wohnendes scheinheiliges Verhalten zu überwinden. Er begleitet den wahrhaftig Suchenden auf dem Pfad der Erleuchtung, zu wahrer Spiritualität. So schenkt er den Wahrhaftigen unter den Suchenden Würde, Respekt, Wertschätzung und Anerkennung. Je reiner der Geist des wahrhaft Suchenden, desto heller wird sein Licht erstrahlen.

Er ist der besondere Schutzengel der vom 22. – 26. Dezember Geborenen.

56. „Poiel"

Seine Essenz ist: Die „DEMUT"

Diesen Engel können die Eingeweihten rufen, wenn sie Hilfe bei der Genesung, etwa nach einem Unfall, benötigen. Er hilft uns dabei, die Folgeerscheinungen eines Unfalls zu überwinden. Poiel schenkt uns Bescheidenheit, Geduld und Nachsicht. Er hilft uns dabei, Gleichgültigkeit, Übellaunigkeit und Mutlosigkeit zu überwinden. Denjenigen unter den wahrhaft

Suchenden, die offenen Herzens sind, schenkt er innere Fülle und äußere Fülle.
Er ist der besondere Schutzengel der vom 27. – 31. Dezember Geborenen.

57. *„Nemamiah"*
Seine Essenz ist: Die „TRANSFORMATION"
Diesen Engel können die Eingeweihten rufen, wenn sie die Facetten der Umwandlung erkennen, verstehen und anwenden lernen möchten. So inspiriert er diejenigen unter den wahrhaftig Suchenden, die durch ihren offenen Geist, ihre Kreativität, ihr Auffassungsvermögen und ihre Geistesgabe Großes bewirken können. Nemamiah kann unsere medialen Wahrnehmungssinne öffnen und aktivieren.
Er ist der besondere Schutzengel der vom 1. – 5. Januar Geborenen.

58. *„Yeialel"*
Seine Essenz ist: Die „GEISTIGE STÄRKE"
Diesen Engel können die Eingeweihten rufen, wenn sie das Gefühl haben, ihre spirituellen Zielsetzungen aus den Augen zu verlieren. Er hilft uns dabei, unseren Fokus wieder auf das Wesentliche zu lenken. So geleitet er uns auf dem Weg der Erfüllung unserer Lebensaufgabe zum Erfolg. Yeialel unterstützt uns dabei, Gefühle von Wut, Ärger und Schuldgefühlen aufzulösen, die in unseren Herzen festsitzen und sie verhärten. Er schenkt uns damit die Möglichkeit, zu erkennen, was uns die leidvollen Erfahrungen gelehrt haben.
Er ist der besondere Schutzengel der vom 6. – 10. Januar Geborenen.

59. *„Harahel"*
Seine Essenz ist: Der „REICHTUM"
Diesen Engel können die Eingeweihten bei allen finanziellen

Aktionen rufen, bei Aktiengeschäften und Edelsteinkäufen. Er schenkt uns Klarheit, Weisheit und stärkt unseren Unternehmungsgeist. Harahel hilft Frauen, die gynäkologische Probleme haben. Er schenkt Fruchtbarkeit und begleitet die Frauen liebevoll während der Schwangerschaft und bei der Geburt.
Wir können Harahel darum bitten, Heilsteine energetisch aufzuladen, mit der Energie, die für uns oder eine ausgewählte Person, für die der Stein bestimmt ist, sinnvoll und hilfreich ist.
Er ist der besondere Schutzengel der vom 11. – 15. Januar Geborenen.

60. „Mizrael“
Seine Essenz ist: Das „INNERE GLEICHGEWICHT“
Diesen Engel können die Eingeweihten rufen, wenn sie ihre eigene mentale Gesundheit klären, fördern und stärken möchten. Er unterstützt uns dabei, ein schweres Gemüt, Angstzustände und einen kranken, schwachen Geist zu heilen. Mizrael zeigt uns den Weg der Fröhlichkeit, der Freude und des kindlichen Staunens. Er öffnet uns für die Schönheit der Natur, die in uns und um uns herum in der lichtvollsten Pracht erblüht.
Er ist der besondere Schutzengel der vom 16. – 20. Januar Geborenen.

61. „Umabel“
Seine Essenz ist: Die „FREUNDSCHAFT“
Diesen Engel können die Eingeweihten rufen, wenn sie Hilfe dabei benötigen, die Spiegelbilder ihrer selbst in ihren Freundschaften zu entdecken. Er unterstützt uns dabei, Narzissmus, Missgunst, Neid, Maßlosigkeit und Unzufriedenheit zu überwinden. Umabel begleitet uns bei dem emotionalen Entwicklungsprozess, unseren inneren Frieden zu finden, indem wir uns so annehmen und lieben, wie wir sind. Haben wir diesen Seelenzustand erreicht, dann können wir unseren Lebensweg mit Liebe, Frieden, Glück und Dankbarkeit gehen.

Er ist der besondere Schutzengel der vom 21. – 25. Januar Geborenen.

62. *„Jah-Hel"*

Seine Essenz ist: Die „ERKENNTNIS"

Diesen Engel können die Eingeweihten rufen, wenn sie auf dem direkten Weg ihre Lebensaufgabe enthüllen und erfüllen möchten. Er unterstützt den wahrhaftig Suchenden dabei, seinen Geist und seinen Charakter zu läutern, um zur Erkenntnis der Macht seiner Gedanken zu gelangen. Jah-Hel schenkt uns die Weisheit, die aus der Erkenntnis der eigenen Erfahrungen wächst, wenn wir bereit dazu sind, die Zusammenhänge der durchlebten Geschehnisse, in der Verbindung aller Dinge und aller Leben miteinander, zu sehen und anzunehmen. Jah-Hel hilft uns dabei, Eigenlob, Selbstgefälligkeit, Falschheit und Unbeständigkeit zu überwinden.

Er begleitet durch unsere Meditationen und hilft uns dabei, unsere versteckten Gefühle, unsere inneren Bilder und Botschaften aus den feinstofflichen Bereichen mit unseren medialen Wahrnehmungssinnen zu erleben.

Er ist der besondere Schutzengel der vom 26. – 30. Januar Geborenen.

63. *„Anianuel"*

Seine Essenz ist: Die „SPIRITUELLE EINHEIT"

Diesen Engel können die Eingeweihten rufen, wenn sie Frieden in sich und in ihrer Umgebung erschaffen möchten. Er lenkt unsere Gedanken, Gefühle und unser Verständnis auf die Einheit des Universums. Wir alle sind ein Teil dieser Erde und des ganzen Universums, all dies ist ebenso ein Teil von uns. Alle Dinge, alle Lebewesen und alle Leben sind untrennbar miteinander verbunden. Anianuel unterstützt uns dabei, Missgunst, Neid und Rassismus zu überwinden. Er hilft uns dabei, Nächstenliebe, Großzügigkeit und Hilfsbereitschaft in uns zu stärken.

Er ist der besondere Schutzengel der vom 31. Januar – 4. Februar Geborenen.

64. *„Mehiel"*

Seine Essenz ist: Die „INNERE RUHE"
Diesen Engel können die Eingeweihten rufen, wenn sie die Kraft der inneren Ruhe erlernen möchten. Lebt der wahrhaftig Suchende diese innere Ruhe, dann ist er in der Lage, die aufgewühlten und erhitzten Gemüter Einzelner oder großer Menschenmengen zu beruhigen und ihnen die Augen für das Wesentliche zu öffnen. Mehiel übermittelt die Fähigkeit der inspirierten Rede und des inspirierten Schreibens. Er unterstützt uns dabei, Kritiksucht, schriftstellerischen Neid und Eifersucht auf die Erfolge eines anderen zu überwinden.
Er ist der besondere Schutzengel der vom 5. – 9. Februar Geborenen.

65. *„Damabiah"*

Seine Essenz ist: Die „SELBSTBESTIMMUNG"
Diesen Engel können die Eingeweihten rufen, wenn sie die Befürchtung haben, mit schwarzer Magie in Berührung gekommen zu sein. Er neutralisiert Verwünschungen, Zauber und Flüche jeglicher Art. Damabiah befreit von allen negativen Heimsuchungen und von jeder böswilligen Fremdbeeinflussung.
Er ist der besondere Schutzengel der vom 10. – 14. Februar Geborenen.

66. *„Manakel"*

Seine Essenz ist: Der „INNERE FRIEDEN"
Diesen Engel können die Eingeweihten rufen, wenn sie Hilfe bei der Deutung von Träumen benötigen. Er unterstützt diejenigen unter uns, die sich aus der äußeren Welt in die eigene Innenwelt zurückgezogen haben, den inneren Nebel zu überwinden und wieder in die Außenwelt zu treten. Innerer Frie-

den kann auch in der Außenwelt gelebt werden, so lassen wir unsere Mitmenschen an unserem Frieden teilhaben.
Er ist der besondere Schutzengel der vom 15. – 19. Februar Geborenen.

67. „Eiaiel“

Seine Essenz ist: „VERSTÄNDNIS“
Diesen Engel können die Eingeweihten rufen, wenn sie Hilfe dabei benötigen, Voreingenommenheit, Intoleranz und Vorurteile zu überwinden. Er hilft uns, die Zusammenhänge der Geschehnisse zu erkennen, zu verstehen und so letztendlich das Gute in allem zu entdecken. Das so gewachsene Verständnis weckt in uns die Freude am Leben. Eiaiel ist ein Begleiter in der Not. Er schenkt uns Trost und geleitet uns in die Besserung, in der wir erkennen, was diese Erfahrung uns gelehrt hat.
Er ist der besondere Schutzengel der vom 20. – 24. Februar Geborenen.

68. „Habuiah“

Seine Essenz ist: Die „HEILUNG und SCHMERZLINDERUNG“
Diesen Engel können die Eingeweihten rufen, wenn sie Hilfe bei der Heilung schwerster Erkrankungen für sich oder einen anderen benötigen. Habuiah vermag den größten Schmerz zu lindern und zu heilen, wenn die karmischen Verknüpfungen es zulassen. Er begleitet Ärzte, Therapeuten und alle Hospizmitarbeiter bei ihrer Arbeit und steht den Angehörigen bei.
Er ist der besondere Schutzengel der vom 25. – 29. Februar Geborenen.

69. „Rochel“

Seine Essenz ist: Die „EHRLICHKEIT“
Diesen Engel können die Eingeweihten rufen, wenn sie Hilfe dabei benötigen, ehrlich zu sich selbst zu sein und durch wahre

Selbsterkenntnis einen rechtschaffenden, makellosen Charakter zu entwickeln. Rochel unterstützt uns dabei, erlittenes Unrecht zu überwinden, um die innere und äußerliche Harmonie wiederherzustellen.
Er ist der besondere Schutzengel der vom 1. – 5. März Geborenen.

70. *„Jabamiah“*
Seine Essenz ist: Die „WANDLUNG“
Diesen Engel können die Eingeweihten rufen, wenn sie Hilfe dabei benötigen, in ihrem Leben die verschiedensten Veränderungen durchzuführen. Er fördert den wahrhaftig Suchenden bei der inneren und äußeren Reinigung, die letztendlich zur Selbsterkenntnis führt. So unterstützt er uns bei der Charakterbildung, die unsere Persönlichkeit spiegelt, auf dem Weg der Erleuchtung.
Er ist der besondere Schutzengel der vom 6. – 10. März Geborenen.

71. *„Haiaiel“*
Seine Essenz ist: Die „UNTERSCHEIDUNGSKRAFT“
Diesen Engel können die Eingeweihten rufen, wenn sie Hilfe dabei benötigen, eine klare, ungetrübte Unterscheidungskraft zu entwickeln. Er hilft uns dabei, Gutes von Bösem sowie das Wahre von der Lüge zu unterscheiden.
Er ist der besondere Schutzengel der vom 11. – 15. März Geborenen.

72. *„Mumiah“*
Seine Essenz ist: Die „SPIRITUELLE HEILUNG“
Diesen Engel können die eingeweihten Ärzte, Heilpraktiker und Heiler rufen, die sich mit spirituellen Heilweisen wie Geistiger Chirurgie, Handauflegen oder anderen energetischen Heilweisen beschäftigen und diese anwenden. Er schenkt Ge-

sundheit und ein langes Leben. Wenn die göttliche Vorsehung es erlaubt, vollbringt er Wunderheilungen. Mumiah hilft uns, unsere Träume wiederzuentdecken, sie zu stärken und sie in unser Leben zu integrieren. Er unterstützt uns dabei, alle unsere wahrhaftigen Herzensunternehmungen zur Vollendung zu bringen.

Er ist der besondere Schutzengel der vom 16. – 20. März Geborenen.

Schemhamphoras ist die Bezeichnung für die 72 Engel der Kabbalah. In den alten Traditionen wurden ihre Namen in Amulette und Talismane eingearbeitet und bei Beschwörungen angerufen. Durch die Verbindung mit den Engeln soll die jeweilige Kraft gestärkt und ins Leben gerufen werden.

Wir alle sind Kinder Gottes, egal welchen Namen wir dem EINEN geben, deshalb steht es für mich außer Frage, dass ich jeden Engel um Unterstützung und Hilfe bitten kann, egal ob ich nun eine spezielle Einweihung habe oder nicht. Ich denke, es ist wichtig, aus welchen Beweggründen ich die Engel rufe und ob mein Wunsch einem liebenden Herzen entspringt.

Sich während einer Meditation mit den verschiedenen Engel-Energien zu beschäftigen und sie auf sich wirken zu lassen, aktiviert die Selbstheilungskräfte und stärkt jede einzelne Zelle unseres Körpers. Schon die Beschäftigung mit den Themen der spezifischen Engel-Energien und der inneren Auseinandersetzung mit diesen Themen kann Änderungen bewirken.

Jedem der 72 Engel wird eine spezifische Heilwirkung auf spezielle Körperregionen, Organe und Krankheiten in unterschiedlichen Text-Quellen nachgesagt.

Am sinnvollsten scheint es mir, Gott zu bitten. Er weiß am besten, welchen seiner Engel er uns zur Hilfe schickt.

Je mehr ich mich informierte, je mehr ich erlebte und mit anderen Menschen über dieses für mich sehr wichtige Thema sprach, desto mehr keimte in mir das Gefühl auf, eigentlich gar nichts zu wissen.

Ich habe in unterschiedlichen Quellen gelesen und viele unterschiedliche Deutungen und abweichende Namen entdecken können, ebenso diverse Beschreibungen der Aufgaben dieser 72 Engel. Wie man unschwer erkennen kann, sind in diesem Buch die Listen Geburtsengel/Schutzengel und die 72 Engelnamen der Kabbalah fast identisch. Ich fragte mich nun, ob diese Listen identisch sein sollten, ob ein Übertragungsfehler stattgefunden hat und wenn ja, in welche Energie würde ich denn nun eingeweiht, wäre ich beispielsweise am 22. März geboren? In die Schutzengel-Energie von „*Ehyliah*" oder in die Schutzengel-Energie von „*Vehuja*"? Spielt der Gedanke, der Glaube und/oder der Wunsch eine Rolle hinsichtlich des Ergebnisses der Einweihung?

Diese 72 Engel wurden nicht nur als die 72 Engel der Kabbalah beschrieben, sondern auch als die 72 Planetarischen Engel oder auch die 72 Genien der Merkur-Zone.

Ein jeder muss seine eigenen Antworten finden.

Der für mich erlösende Satz lautet: „Die Engel lassen nicht zu, dass die ethisch unreifen Magierinnen die tiefsten Mysterien erkennen oder anwenden können, selbst wenn diese Geheimnisse gleich vor ihnen auf dem Tisch liegen würden, sie würden sie weder wahrnehmen noch erkennen!"

Engel und ihre zugehörigen Düfte, Farben, Heilsteine und Symbole

Es gibt sehr umfangreiche Literatur mit diversen Engel-Beschreibungen; diese nicht einheitlichen Auflistungen mögen Ihnen einen kleinen Einblick gewähren.

Düfte	Farben	Heilsteine	Symbole
MICHAEL			
Salbei Verbena officinalis (Eisenkraut)	Blau Indigo	Blauer Saphir Lapislazuli Aquamarin Mondstein	Flammendes blaues Lichtschwert und Mantel des Schutzes
Nach anderer Überlieferung:			
Bergamotte Kopal Myrrhe Weihrauch Zimt	Gelb und Gold	Bernstein Chrysolith Rubin Tigerauge	Mit Flammenschwert in Ritterrüstung den Drachen durchbohrend oder als Seelenführer mit der Seelenwaage
GABRIEL			
Jasmin Meersalz Myrrhe Neroli	Weiß	Bergkristall Herkimer Diamant	Weiße Lilie Wasser der Reinheit
Nach anderer Überlieferung:			
Jasmin Kampfer Ylang-Ylang	Silber Violett	Mondstein Perlen	Als Verkündigungsengel mit Stab, Lilie, Zepter und Weltkugel

Düfte	Farben	Heilsteine	Symbole
RAPHAEL			
Eichenmoos Eukalyptus Latschen- kiefer Minze Thymian	Grün	Aventurin Diopsid Jade Malachit Nephrit Peridot	Äskulapstab weiße Rose
Nach anderer Überlieferung:			
Amber Anis Lavendel	Gelb Orange	Chrysolith Karneol Opale Topas Turmalin	Als Pilger gekleidet mit Wanderstab und Kalebasse
URIEL			
Anis Ingwer Johannis- kraut Rosmarin Zimt	Orange Orange- Rot	Granat Jaspis Karneol Koralle Rubin	Feuerschwert und Kreuz Flamme in der inneren Handfläche
Nach anderer Überlieferung:			
–	–	weiße Quarzkri- stalle	Laterne oder Weihrauchschale Mit Schriftrolle oder Buch

Düfte	Farben	Heilsteine	Symbole
CASSIEL			
Aloe Baumharz Lavendel Myrrhe	Purpur reflektie- rendes, schil- lerndes Schwarz	Diamant Obsidian Onyx schwarze Koralle	Als Engel der Einsamkeit und der Tränen
CHAMUEL/CAMAEL			
Kirschblüte Magnolie Rosenholz Ylang-Ylang	Orange Gold	Rhodochro- sit Rosenquarz	Herz und rosafarbene Rose
Nach anderer Überlieferung:			
Aloe Pinie rote Zeder Tabak Zypresse	Rot	Blutstein Granat Karneol rote Koralle Rubin	Sein Symbol ist das aufgerichtete Schwert. Er ist in Rot gewandet und versprüht grüne Lichtfunken.
HAGIEL, AUCH ANAEL GENANNT			
Baldrian Sandelholz Veilchen	Rosa Grün	Jade Malachit Opal rosa Koralle Rosenquarz Smaragd	Er ist der Engel, der den Propheten Henoch in den Himmel trug. Er ist der Engel der Barmherzigkeit und der Liebe.

Düfte	Farben	Heilsteine	Symbole
JOPHIEL			
Bergamotte Honig Melisse Vanille Zitronen- gras Zypresse	Gold	Bernstein Citrin Goldtopas	Buch der Weisheit und goldener Kelch
Nach anderer Überlieferung:			
–	Gelb	–	Rose
ZADKIEL			
Lavendel Tabak Wacholder- beere Weihrauch	Magenta Violett	Amethyst Charoit Purpurit Sugilith Tansanit	Träger der violetten Flamme
Nach anderer Überlieferung:			
Mandeln Myrrhe Pistazie Sandelholz Zeder	Blau Flieder Purpur	Amethyst Lapislazuli Saphir Türkis Zoisit	Als königliche Gestalt in Lila und Purpur mit einer Aura in Königs-blau und Flügeln

Engel und ihre zugehörigen Bäume, Blumen, Gewürze und Heilpflanzen

Bäume	Blumen	Gewürze	Heilpflanzen
MICHAEL			
Esche Lorbeerbaum Walnussbaum Wacholder	Alpenveilchen Passionsblume Pfingstrose Ringelblume Sonnenblume	Ingwer Nelken Pfeffer Safran	Augentrost Johanniskraut Kamille Melisse Mistelzweig Rosmarin
GABRIEL			
Magnolienbaum Weide	Akanthus Helle Iris Wasserlilien weiße Lilien	Kurkuma Muskat	Labkraut Mönchspfeffer Vinca (Immer- grün)
RAPHAEL			
Akazie Haselnuss Maulbeerbaum Myrte	Azaleen echter Alant Maiglöckchen roter Fingerhut	Anis Kubeben- Pfeffer Kümmel	Alraune Baldrian Fingerhut Petersilie
CASSIEL			
Buche Eibe Pappel Pinie Stechpalme	Iris Königskerze Kornblume Stiefmütterchen	Bockshorn- klee	Eisenhut Schachtelhalm Tollkirsche

Bäume	Blumen	Gewürze	Heilpflanzen
CHAMUEL/CAMAEL			
Pinien Rhododendron Sadebaum Zypresse	Anemonen Färberröte gelber Enzian Geißblatt	Chili Kumin Pfeffer Senf	Basilikum Brechnuss Nessel Sarsaparilla Weißdorn
HAGIEL			
Apfelbaum Birnbaum Holunder Kastanie Kirsche Linde	Akelei Orchideen Primeln rote Rosen rosa Rosen Veilchen	Koriander rosa Pfeffer Thymian Zimt	Eisenkraut Frauenmantel Herzspannkraut Schafgarbe
ZADKIEL			
Eiche Esche Zeder	Flieder Hyazinthe Landnelken	Fenchel Muskat	Arnika Beinwell Borretsch Ginseng Salbei Zitronenmelisse

Engel und ihre zugehöriges Element, Metall, Tier und Vogel

Engel	Element	Metall	Tier	Vogel
Michael	Feuer	Gold	Löwe alle Katzenarten	Amsel
Gabriel	Wasser	Silber	Wolf	Eule Nachtigall
Raphael	Luft	Quecksilber	Koyote Affe	Ibis Rabe
Uriel	Erde	Eisen	---	---
Cassiel	Erde	Blei	Biber Faultier Schildkröte Wühlmaus Wurm	Krähe Reiher
Chamuel/ Camael	Feuer	Kupfer Eisen	Fuchs Widder	Rotkehl- chen Spatz
Hagiel	Luft	Kupfer	Hirsch Kaninchen	Schwalben Tauben
Jophiel	---	Zinn	---	---
Zadkiel	Feuer	Zinn	Elefant Wal	Ente Schwan

Engelnamen von A – Z

Je nach Literatur und Überlieferung finden sich auch hier kleine bis große Abweichungen in den Beschreibungen.

A'albiel	Er gehört zu der Legion des Erzengels Michael.
Aajoel	Engel der Freude
Aamamiah / auch als Imamjah, Imamiah beschrieben	Er ist der 52. Engel der 72 Engel Gottes. „Engel, der in der Dunkelheit verborgen ist." *(genaue Beschreibung s. Imamiah)*
Aaneval / auch als Anauel, Anianuel beschrieben	Er ist der 63. Engel der 72 Engel Gottes. „Der Göttliches offenbart" Einer anderen Beschreibung zufolge ist er einer der 72 Engel der Merkur-Zone. Anianuel unterweist den Eingeweihten in die unterschiedlichsten Methoden der Krankenbehandlungen und lehrt ihn, spezielle Schutzamulette anzufertigen und energetisch zu laden. Eine weitere Beschreibung ordnet ihm den Psalm 2, Vers 11 zu: „Dient dem Herrn in Furcht, und küsst Ihm mit Beben die Füße."
Aaslajoh / auch als Asaljah, Asaliah beschrieben	Er ist der 47. Engel der 72 Engel Gottes. „Engel der göttlichen Gerechtigkeit" Einer anderen Beschreibung zufolge ist er einer der 72 Engel der Merkur-Zone. Asaliah unterweist den Eingeweihten in allen weltlichen und geistigen Gesetzen und lehrt ihn, diese im Gleichgewicht zu halten. Eine weitere Beschreibung ordnet ihm den Psalm 104, Vers 24 zu: „Herr, wie zahlreich sind Deine Werke! Mit Weisheit hast Du sie alle gemacht, die Erde ist voll von Deinen Geschöpfen."

Aban	Nach alter persischer Überlieferung ist Aban der Engel des Monats Oktober.
Abagrion	Ein Engel der Erdgürtelzone Er sendet dem Eingeweihten Rituale und Formeln des Schutzes gegen unerwünschte Einflüsse.
Abariel	Macht der Hoffnung
Abathur	Er ist der Engel des Polarsterns. Er ruht über der Waage, in der die menschlichen Seelen nach dem Tod gewogen werden.
Abbetiera	Ein Engel der Erdgürtelzone Er verhilft dem Eingeweihten zu materiellem Wohlstand.
Abdiel	„Knecht Gottes“ Er wird in den Überlieferungen als einer der Seraphim beschrieben, der sich gegen Luzifer erhoben hat. Einer anderen Überlieferung zufolge ist er ein Bewacher der Hölle.
Abdizuel	Engel des Glücks
Abel	Er ist der Engel, der am Jüngsten Tag regieren wird, um die Seelen zu richten.
Abilael	Engel des ewigen Lebens
Abranudschiah	Engel im Dienste Christi
Abraxas / auch als Abrasax beschrieben	„Die Sonne über dem Uroboros“ Engel der Magie Er wird auch als ein Engel der höchsten Einweihung beschrieben.
Abrid	Ein Engel der Sommer-Tag- und Nachtgleichheit
Abrinael	Engel des Lichtes und des Schattens
Abru-El	Im Arabischen „Kraft Gottes“ In der Beschreibung ähnlich Erzengel Gabriel
Abuliel	Ein Engel der Übermittlung von Gebeten

Abusis	Ein Engel der Erdgürtelzone Er hilft und begleitet den Eingeweihten bei der Wahrheitssuche.
Abuzaha / auch als Abuzohar beschrieben	Der Engel der Empfängnis und des rituellen Lebens
Achar	Engel des Winters
Achazziel	Ein Engel, der als ein Pförtner im himmlischen Gericht dient.
Achila	Engel der Natur Achila verrät den Eingeweihten das Geheimnis, wie sie sich bei Gefahr unsichtbar machen können.
Achusaton	11. Thronengel
Adad	Engel der Obstbäume und der Früchte
Adae	Ein Engel der Erdgürtelzone Hüter der Familie und der Liebe innerhalb der Familien
Adanael	Engel des Gehorsam
Adityas	„Die leuchtenden Strahlen des Himmels"
Admael	Einer der sieben Erzengel
Adnarel / auch als Adernael, oder Adrenael oder Adonaiel beschrieben	„Der Herr ist Gott." Einer der Engel, der im zweiten Rang über den Winter regiert.
Admisiel	„Macht des Glaubens"

Adoil / auch als Idoil beschrieben	„Sein Äon ist Gott" oder auch „Hand Gottes" Im slawischen Henoch-Buch, welches von der Aufnahme Henochs in den siebten Himmel erzählt, wird Adoil als ein Geistwesen, das in seinem Leib ein großes Licht trägt, beschrieben. Auf Gottes Befehl, sich aufzulösen, gebar Adoil das Licht, welches wiederum einen Äon hervorbrachte, in dem sich die ganze Schöpfung offenbarte.
Adonael	Er ist der einzige Engel, der fähig ist, die Dämonen der Krankheit zu besiegen, welche durch Bobel (Bothothel) und Metathiax entfacht werden. In einer anderen Beschreibung finden wir ihn als den siebten Engel der „Herrlichen Sieben".
Adonai	Seraph des Geistes
Adonaios	Origenes beschrieb ihn als einen der „Herrlichen Sieben".
Adoram	Ein Seraph
Adoyahel	9. Thronengel
Aduachiel / auch als Advachiel oder Adnachiel beschrieben	Er gehört zu den Engeln, die geschickt wurden, um Adam zu dienen. In einer anderen Beschreibung ist er der Engel, der das Urgesetz des Gleichgewichts und der Gerechtigkeit hütet und bewacht.
Advachiel	Er führt den Eingeweihten in die Urtiefen des „Seins".
Afarof / auch als Afriel beschrieben	Ein Engel, der den Regen kontrolliert.
Af Bri	Der Engel, der über den Regen wacht.
Afimo	Ein Engel der Erdgürtelzone Engel, der den Eingeweihten in Chemie und Physik unterrichtet.

Afolono Ein Engel der Erdgürtelzone
Leitet den Eingeweihten auf allen Wissensgebieten hin zur „Erleuchtung".

Afrei Ein Engel der Erdgürtelzone
Engel der Wunder. Er führt den Eingeweihten in die Magie der Liebe ein.

Afriel Afriel bringt den Eingeweihten Jugend, Stärke und Vitalität.

Afryca Engel des Naturreichs

Afsi - Khof Ein Engel, der den Monat Av (Juli/August) regiert.

Aftiel Er ist ein Engel der Dämmerung.

Agasoly Ein Engel der Erdgürtelzone
Engel von Effekten und Phänomenen jeglicher Art

Agiel Die Intelligenz des Saturn

Agikus Ein Engel der Erdgürtelzone
Meister der Elektrochemie

Aglasis Ein Engel der Erdgürtelzone
Er unterstützt das Zusammenwirken von Tieren und Menschen.

Aha Ein Engel aus der Hierarchie der Herrschaften
Ein Feuergeist, der in magischen kabbalistischen Handlungen gerufen wird.

Ahadiel Er sorgt dafür, dass die Gesetze eingehalten werden.

Ahadiss Er ist der Regent des Monats Heschwan (Oktober/November).

Ahahbon Ein Engel der Erdgürtelzone
Ahahbon lehrt den Eingeweihten, verschiedene Bewusstseinszustände durch die dazugehörenden Übungen zu erreichen.

Ahassior	Er ist der Regent vom Monat Tebet (Dezember/ Januar).
Ailoaios	Origenes beschrieb ihn als einen der „Herrlichen Sieben".
Aischim	„Flammen"-Engel aus der Kabbalah „Du machst Winde zu deinen Boten und Feuerflammen zu deinen Dienern." (Ps 104,4)
Akahimo	Ein Engel der Erdgürtelzone Er lehrt die Eingeweihten hohe spirituelle Weisheiten.
Akaiah / auch als Achajah, Achaiah beschrieben	Er ist der 7. Engel der 72 Engel Gottes. „Engel des langen Leidens" Einer anderen Beschreibung zufolge ist er einer der 72 Engel der Merkur-Zone. Achaiah lehrt den Eingeweihten, Hindernisse jeglicher Art zu beseitigen. Eine weitere Beschreibung ordnet ihm den Psalm 103, Vers 8 zu: „Der Herr ist barmherzig und gnädig, langmütig und reich an Güte."
Akanejonaho	Ein Engel der Erdgürtelzone Er lehrt den Eingeweihten das Wissen der Vergeistigung.
Aker	Laut Überlieferung einer von den neun Engeln, die über das Ende der Welt entscheiden.
Akatriel	Er ist der Engel des Gebets und der göttlichen Lobpreisung.
Akhibel	Engel der Kometen
Akirgi	Er verhilft den Eingeweihten zu beruflichem Erfolg.
Akrasiel	Ein Offenbarer der göttlichen Mysterien und der Engel der öffentlichen Bekanntmachungen.
Akriel	Engel des Fortschritts

Aladiah / auch als Aladjah, Aldaih beschrieben	Er ist der 10. Engel der 72 Engel Gottes. „Engel, der hilfreich ist." Einer anderen Beschreibung zufolge ist er einer der 72 Engel der Merkur-Zone. Er lehrt die Eingeweihten die Gesetze der Harmonie und der mystischen Anatomie. Aladiah besitzt die Macht des Heilens. Eine weitere Beschreibung ordnet ihm den Psalm 33, Vers 22 zu: „Lass Deine Güte über uns walten, oh Herr, denn wir schauen aus nach Dir."
Alagill	Ein Engel der Erdgürtelzone Engel der Intuition Er verhilft den Eingeweihten zu durchschlagendem Erfolg im Beruf.
Alam	Engelgruppe der Venusphäre Sie inspirieren die Menschen, die göttliche Schönheit in der Kunst und Musik hervorzubringen.
Aleph	Engel des Alphabets
Alfatha	Zusammen mit Gabriel und Chairoum hat Alfatha die Herrschaft über den Norden.
Algebol	Ein Engel der Erdgürtelzone Er ist der Hüter der Zeremonien, der Rituale und Gebräuche. Er übermittelt den Eingeweihten dieses alte Wissen.
Alimon	Wenn er angerufen wird, schützt er den Bittenden vor Schussverletzungen und scharfen Instrumenten. Seine Helfer sind die Engel Reivtip und Tafthi.
Aljochin	Ein Engel der Hostie
Aloha van Daath	„Der Hüter des Unsichtbaren, des Verborgenen" Dieser laut Kabbalah höchste Engel ist dem unsichtbaren Reich van Daath zugeordnet.

Alosom	Enge der Erdgürtelzone Er führt die Eingeweihten in das Geheimnis des Schweigens ein.
Alpaso	Ein Engel der Erdgürtelzone Er ist der Beschützer der Armen, der Unterdrückten und schützt alle Menschen, denen auf irgendeine Art Unrecht zugefügt wird.
Alphun	Engel der Tauben und Herrscher über die 8. Stunde
Altarib	Er hat Einfluss auf den Verlauf des Winters.
Altont	Ein Engel der Erdgürtelzone Er entscheidet über Recht und Unrecht aus göttlicher Sicht.
Al Zabaniya	„Die Gewaltanwender“ Die 19 Engel, die die Hölle bewachen. (Koran, Sure 74,30)
Amabael	„Engel des Winters“ oder auch „Engel des kalten Windes“ Einer der Engel, der die Herrschaft über den Verlauf des Winters hat. Ein anderer Engel des Winters ist Ctarari.
Amabiel	Amabiel ist einer der Engel beziehungsweise der engelhaften Gestirne, die der menschlichen Sexualität zuzuordnen sind.
Amagestol	Ein Engel der Erdgürtelzone Der Schutzengel aller Liebenden, die in wahrer Liebe zueinander gefunden haben.
Amaliel	„Engel des Herzens“ Er hilft den Menschen dabei, aus dem Herzen zu handeln und zu den eigenen Gefühlen zu stehen.
Amalomi	Ein Engel der Erdgürtelzone Er lehrt den Eingeweihten, durch Kommunikation die Dinge in Ordnung zu bringen.

Amami	Ein Engel der Erdgürtelzone Er hilft den Eingeweihten, das richtige Wissen zur rechten Zeit über Bücher und Schriften zu finden.
Amarzom	4. Thronengel
Amarushaya	Der Engel der Segnung
Amatiel	Einer der vier Engel, die über den Verlauf des Frühlings herrschen.
Ambriel	Engel des Schutzes Er schützt vor negativen Einflüssen jeglicher Art und hilft, das Böse abzuwehren. In einer anderen Beschreibung steht Ambriel für den Engel der offenen und wahrhaftigen Kommunikation, der den Eingeweihten dabei behilflich ist, die eigene Wahrheit vertreten zu können.
Ameretat	Nach iranischer Überlieferung zählt Ameretat zu den „unsterblichen Heilwirkenden". Erzengel der Unsterblichkeit und des Lebens
Amesha Spentas	„Die unsterblichen Heiligen" oder auch „Die unsterblich Heilwirkenden" In Zarathustas Engellehre zusammengefasste Engelgruppe, die Gott beratend und dienend zur Seite steht. Ihre Namen lauten: Armaiti ....Frömmigkeit und Demut Ameretat ....Unsterblichkeit Asha vahista ....genaue Gerechtigkeit Haurvatat ....Vollkommenheit und Gesundheit Khshathra vairiya ....das ersehnte Reich Gottes Sraosha ....wachender Gehorsam, schützt alle Geschöpfe Vohu mano ....Engel der guten Gesinnung
Amia	Ein Engel der Erdgürtelzone Hüter der Edelsteine und Kristalle

Amiel	Ein Engel des Glaubens Nach einer anderen Beschreibung lehrt er den Eingeweihten die Zusammenhänge zwischen Schwingung und Heilung.
Amipesodiah	Engel der Stabilität
Amitiel	Engel der Aufrichtigkeit und der Wahrheit Er hilft den Eingeweihten, zwischen wahr und falsch zu unterscheiden.
Amor	„Engel der Liebe" Im Auftrag der göttlichen Vorsehung mischt er die Liebeskarten immer wieder neu.
Amora	Engel der selbstlosen und bedingungslosen Liebe
Amphiel	Einer der Engel, der Henoch durch alle Himmel zu Gott führte.
Ampholion	Ein Engel der Erdgürtelzone Er lehrt den Eingeweihten die menschliche Anatomie.
Amutiel	Engel der Erkenntnis
Amzhere	Engel der Gunst Er hilft dabei, die verhärteten und versteinerten Herzen der Menschen zu erweichen.
Anadi	Ein Engel der Erdgürtelzone Engel der Heilung Er hilft uns dabei, unseren Körper wieder ins Gleichgewicht zu bringen.
Anael / auch als Hagiel beschrieben	„Die Wolke Gottes" Er ist der Engel der Liebe, wird aber auch als Engel der Hochzeit beschrieben. Anael ist einer der sieben Engel der Schöpfung. Er wacht über den Planeten Venus und ist eines der Geistwesen, die für die menschliche Sexualität zuständig sind. Er regiert den 2. Himmel, wo er für all jene Gebete verantwortlich ist, die aus dem 1. Himmel aufsteigen.

Anael / auch als Hagiel beschrieben	Einer anderen Beschreibung zufolge wird er mit dem Erzengel Chamuel gleichgesetzt und als Engel der Liebe und Barmherzigkeit beschrieben.
Anaelle	Engel der Familie Er hilft bei allen Familienangelegenheiten.
Anahel	In der Kabbala wird er als der Engel beschrieben, der über die drei Prinzen des 3. Himmels regiert. Diese werden als Jabniel, Dalquiel und Rabacyal bezeichnet.
Anahita	Engel der Naturverbundenheit
Anamil	Ein Engel der Erdgürtelzone Er hält die beiden Kräfte Yin und Yang im Gleichgewicht.
Ananchel	Engel der Gnade Er verkörpert Barmherzigkeit und Schönheit. Seine Energie verbindet uns mit dem Gefühl, dass alles, was wir erhalten, aus der Energie der Gnade entsteht.
Anaphiel / auch als Anpiel beschrieben	„Zweig Gottes" Einer der Engel, der Henoch durch alle Himmel zu Gott führte. In einer anderen Beschreibung wird er als der Beschützer der Vögel beschrieben. Anaphiel lebt im siebten Himmel und reicht unsere Gebete weiter. Einer weiteren Beschreibung zufolge ist er ein Erzengel, ein Träger der Versiegelungen und der Wärter, der die Schlüssel zu den Korridoren des Himmels besitzt.
Anauel	Er verhilft seinen Schützlingen zu geschäftlichen Erfolgen und wird deshalb auch Engel des Handels und der Geschäftsleute genannt. Einer anderen Beschreibung zufolge ist er einer der sieben Erzengel.
Andel	Er vermittelt göttliche Botschaften.

Andon	Er wirkt mit bei der Erlösung der Seelen und begleitet sie ins Licht.
Andrachor	Einer der Engel der Erdgürtelzone Er unterstützt die Heiler unter den Menschen und vermittelt den Eingeweihten das Wissen der Wasserenergien.
Andreas	Engel der Tapferkeit Gibt seinen Schützlingen Mut auf allen schicksalhaften Pfaden des Lebensweges.
Anduchaiel	Engel des Scharfblicks und des Vertrauens
Anemalon	Ein Engel der Erdgürtelzone Engel des Lichtes und der Liebe
Anephexeton	In der Kabbalah als mächtiges Engelwesen des Reiches Daath beschrieben. Er ist einer der drei heiligen unsichtbaren Schaffenskräfte.
Anfial	Einer der 64 Engelwächter der Himmelshallen
Angelus baptismi	Der Engel, der bei der Taufe gegenwärtig ist und dem Taufwasser sündenreinigende Kraft spendet.
Angerecton	Ein Engel, der in magischen Ritualen, insbesondere bei Räucherungen, angerufen wird.
Aniel	Er ist der 37. Engel der 72 Engel Gottes. „Er gilt als Licht der Tugend." Einer anderen Beschreibung zufolge ist er einer der 72 Engel der Merkur-Zone. Aniel unterweist den Eingeweihten in allen magischen Künsten und offenbart ihm die okkulte Philosophie. Eine weitere Beschreibung ordnet ihm den Psalm 80, Vers 8 zu: „Gott der Heerscharen, richte uns wieder auf! Lasse Dein Angesicht leuchten, dann ist uns geholfen."
Anophiel	Engel der Mysterien Gottes

Anpiel Hüter der Vogelschwärme, der sich den Menschen auch als Vogel zu erkennen gibt. Er gilt als Begleiter der Menschen durch die Himmel und leitet die Gebete der Menschen in den siebten Himmel weiter.

Anthriel Engel der Harmonie und des inneren Gleichgewichts
Er unterstützt uns dabei, unser inneres Gleichgewicht zu erhalten, um aus diesem inneren Zustand heraus gelassen und besonnen handeln zu können.

Anush Er gehört zu den Engeln, die geschickt wurden, um Adam zu dienen. Die anderen zwei sind als Shetel und Aduachiel beschrieben.

Arabim Ein Engel der Erdgürtelzone
Er lehrt den Eingeweihten die praktische Anwendung der Heilkunde.

Arael Schutzengel der Vögel
Eine andere Beschreibung zählt ihn, als fünfter Engel, zu den „Herrlichen Sieben".

Aragor Ein Engel der Erdgürtelzone
Er sendet die Flamme der Reinigung und Auferstehung und lehrt den Eingeweihten das größte Mysterium.

Arakiel Er lehrt den Eingeweihten, die Zeichen der Erde zu erkennen, zu verstehen und zu deuten.

Aral Engel der Kraft und der göttlichen Stärke

Arakuson Ein Engel der Erdgürtelzone
Er ist ein Engel der Weisheit.

Arariel Er ist einer der sieben Engel, die die Erde regieren. Arariel ist der Engel, der die Gewässer der Erde beherrscht.

Arathron Engel des Schicksals

Arcan Engel der Lüfte

Archan	Ein Engel mit Herrschaft über die niedrigeren Strahlen des Mondes
Ardarel	Ein Feuerengel Er zählt zu den Legionen des Erzengels Uriel.
Ardibehist	Im alten Persien der Engel des Monats April Ardibehist regiert den 3. Tag des Monats.
Ardouisur	„Spenderin des Lebenswassers" Zu Ardouisurs Eigenschaften gehört es, Frauen fruchtbar zu machen und ihnen die Geburt zu erleichtern. Er wird auch „Engel der Geburt" und „Engel der Milchströme" genannt.
Ardour / auch als Ardur beschrieben	Engel des Monat Tammuz (Juni/Juli).
Arel	Ein Feuerengel
Arelim / auch als Erelim beschrieben	„Die Tapferen", „Die Starken" Arelim sind kriegerische Engel, die aus weißem Feuer bestehen und von „Michael" befehligt werden.
Aresut	Ein Engel der Sonnensphäre Er sorgt für die Erhaltung des Gleichgewichts im ganzen Universum.
Argaro	Ein Engel der Erdgürtelzone Er ist die Autorität und der Hüter aller magischen, spirituellen und religiösen Stätten, Reliquien, Kunstobjekte usw.
Argilo	Ein Engel der Erdgürtelzone Ist den Eingeweihten behilflich bei der Wunscherfüllung in zwischenmenschlichen Beziehungen.
Arum Hii	Einer der Hüter des Nordsterns
Arias	Engel der süßlich duftenden Kräuter

Ariel / auch als Arael, Ariael beschrieben

Er ist der 46. Engel der 72 Engel Gottes.
„Engel der Verkündung und Offenbarung"
Einer anderen Beschreibung zufolge ist er einer der 72 Engel der Merkur-Zone. Er offenbart den Eingeweihten das Wissen, mit dem sie die höchste Erleuchtung und absolute Vollkommenheit erreichen und alle Hindernisse auf diesem Weg der Vollkommenheit überwinden können.
Eine weitere Beschreibung ordnet ihm den Psalm 145, Vers 9 zu:
„Der Herr ist gütig zu allen, Sein Erbarmen waltet über all Seinen Werken."
„Löwe Gottes"
Ariel wird einmal als Wasserengel, ein anderes Mal als Luftengel beschrieben. Er soll sich den Menschen durch einen Windhauch, der sie unvermutet streift, bemerkbar machen. Ariels Augenmerk liegt in der Überwachung, dem Schutz und der Heilung aller Gewässer, seiner Bewohner und der gesamten Natur.
Eine andere Beschreibung:
„Feuerherd Gottes", „Löwe Gottes", Opferstelle", „Held Gottes"

Arioth

Einer der Engel der Erdgürtelzone
Er beschützt alle Frauen während der Geburt.

Arisaka

Einer der Engel der Erdgürtelzone
Er enthüllt den Eingeweihten, wie sie ihre Gedanken durch Musik zum Ausdruck bringen können.

Ariuch / auch als Arioch beschrieben

„Gott ist Licht".
Zusammen mit Priuch wird Ariuch als Wächter über die von Henoch im Himmel aufgezeichneten Schriften beschrieben.
Einer anderen Beschreibung zufolge kann der Eingeweihte Ariuch rufen, um einen Einblick in die Akasha-Chronik (das Buch des Lebens, in dem alle Ereignisse, Gedanken und Gefühle seit Anbeginn der Welt bewahrt sind) zu bekommen.

Armefia Ein Engel der Erdgürtelzone
Diesen Engel können die Eingeweihten rufen in allen Situationen der Ungerechtigkeit, in denen sie Unterstützung und Gerechtigkeit benötigen.

Armillee Ein Engel der Erdgürtelzone
Schützt den Eingeweihten vor ansteckenden Krankheiten.

Armisael Engel der Geburt
Im Talmud steht, eine Frau, die in den Wehen liegt, soll den Psalm 20 neunmal sprechen, um die Niederkunft zu erleichtern. Sollte dies jedoch nichts nützen, dann solle man es mit folgendem Gebet versuchen: „Ich beschwöre dich, Armisael, Engel, der über die Gebärmutter wacht, dieser Frau und dem Kind in ihrem Körper zu helfen." Die Engel Temeluch und Gabriel schützen das Kind im Mutterleib, Armisael unterstützt die werdende Mutter.

Asaliah „Gerechter Gott der Wahrheit"
Er ist für die Menschen da, die in der Zeit zwischen dem 13. und 17. November geboren sind. Engel der umfassenden Liebe.
Einer anderen Beschreibung zufolge wird Asaliah zu den 72 Engeln der Merkur-Zone gezählt und als Engel der verbindenden Liebe, der Gegenwart und der ewigen Gesetzmäßigkeiten des göttlichen Prinzips beschrieben.

Asariel Er beeinflusst die Intuition und die Imagination.

Asaryalyur Er warnt den Eingeweihten vor dem Zorn Gottes.

Aschimalieel Er fördert die Intuition und die Wahrnehmung der feinstofflichen Energien.

Asda Engel der Nahrung
Asda kann die Menschen mit Nahrung versorgen und so Hungersnöte verhindern. Es wird erzählt, dass Asda Jesus bei der Speisung der 5000 behilflich war.

Asfael „Gott hat hinzugefügt."
Er zählt zu den Engeln, die im Buch Henoch als Lenker der Gestirne Erwähnung finden.

Asha Engel der Wahrheit, der Gerechtigkeit und der Tugend

Ashi Engel des Segens

Ashariel Einer der Engel, die die Kräfte von Gut und Böse klar und deutlich erkennbar und sichtbar machen.

Ashriel „Feuer Gottes", „Schwur Gottes"
Einer der sieben Engel, die die Erde regieren. Ashriel ist der menschlichen Seele dabei behilflich, sich während des Sterbeprozesses vom materiellen (sterblichen) Körper zu lösen.

Ashtiel Engel der wohlgeordneten Organisation

Asiel „Geschaffen von Gott."

Asinel Engel des Glücks

Aslotama Ein Engel der Erdgürtelzone
Er unterweist den Eingeweihten in den Mysterien der Keimkraft des Samens.

Asmodel Engel der Nächstenliebe und Erwecker der göttlichen Liebe

Asoreg Ein Engel der Erdgürtelzone
Vermittelt den Eingeweihten die Kunst, Bildnisse auf jede denkbare Art festzuhalten.

Aspadit Ein Engel der Erdgürtelzone
Er bringt den Eingeweihten Glück in Unternehmungen jeglicher Art.

Asradiel Engel der Erdung
Er hilft den Menschen dabei, den Boden nicht unter den Füßen zu verlieren. Er wird auch als der Engel der Verankerung, der Rückbindung und des Ankommens beschrieben.

Asrael	Engel des Todes
Asriel	„Schwur Gottes“
Assiel	Ein Engel des Heilens
Astolitu	Ein Engel der Erdgürtelzone Hüter der magischen Schlüssel und der Mysterien
Astriel	„Gottes Treue“ Engel der Treue
Asturel	Ein Engel der Erdgürtelzone Engel des Mitgefühls und der Barmherzigkeit Er hilft den Eingeweihten dabei, ihr Schicksal leichter zu ertragen.
Ataphiel	Dieser Engel stützt den Himmel mit drei Fingern.
Atel	Ein Engel des 4. Himmels Engel der Lüfte, der am Jüngsten Tag regieren wird.
Atherom	Ein Engel der Erdgürtelzone Er sendet den Eingeweihten Glück und Erfolg bei der intellektuellen Arbeit auf allen Wissensgebieten.
Atiel	Er ist einer der Engel der göttlichen Unerbittlichkeit.
Attarib / auch als Attaris beschrieben	Einer der vier Engel des Winters Engel des Eises und des Schnees Er symbolisiert die Kräfte der Erstarrung und Verhärtung.
Atuesuel	Einer der acht Engel der Allmacht. Er wird gerufen, um die Monster der Hölle auszuräuchern.
Atuniel	Er ist ein Feuerengel.
Aufiel	Engel mit der Herrschaft über die Vögel
Aumakua	Schutzgeist von Hawaii Er beschützt und bewahrt die Seelen in der Nacht.

Aurel	„Aus Gold gemacht.“ Der goldene Engel des Lichtes
Auretiel	Engel der Regeneration Unterstützt den Heilungsprozess während einer Krankheit.
Auriel / eine andere Schreibweise für Uriel	Uriel wird zu den „Herrlichen Sieben“ gezählt Sein Name bedeutet: „Gott ist Licht.“ *(s. auch Uriel)* Eine andere Beschreibung: „Licht Gottes“ auch als Oriel (altfranzösisch für golden) beschrieben. Einer der 72 Engel des Zodiaks (Tierkreis). Als Schicksalsengel wacht er über die 10. Stunde des Tages. Er ist einer der 70 Kindbett-Amulettengel (Es gibt 70 Amulettengel, die bei der Kindergeburt gerufen werden können.)
Aurora	Engel der Morgenröte Er sendet das zarte Gotteslicht der Morgenröte.
Ausiel	Engel des Glücks und der Hoffnung
Ave	Er übermittelt die Weisheit Gottes.
Ayil	Engel der Freiheit
Aymelek	Mondengel
Azareel	Er ist einer der sieben Engel, die die Erde regieren. In einer anderen Beschreibung ist er der Engel der Fische. Fischer beten zu ihm, damit sie, so ihnen das Glück wohlgesonnen ist, einen guten Fang einfahren.
Azbugah, auch als Azbugah, Azbuka, Azbogah beschrieben	Er zählt zu den acht großen richterlichen Thronengeln, die all jene Seelen mit dem Gewand der Rechtschaffenheit einkleiden, die neu im Himmel ankommen und dessen für würdig erachtet werden.
Azer	Engel des Elements Feuer

Aziel / auch als Haziel, Hazajel beschrieben

Er ist der 9. Engel der 72 Engel Gottes
„Ist die Gnade Gottes“
Einer anderen Beschreibung zufolge ist er einer der 72 Engel der Merkur-Zone. Aziel unterweist den Eingeweihten in der göttlichen Gerechtigkeit und Barmherzigkeit. Er lehrt ihn, dieses Wissen dazu einzusetzen, um Feinde zu versöhnen und Frieden zu stiften.
Eine weitere Beschreibung ordnet ihm den Psalm 25, Vers 6 zu: „Denk an Dein Erbarmen, Herr, und an die Taten Deiner Huld, denn sie bestehen seit Ewigkeit.“

Azrael auch als Azrail, Izra‘il beschrieben

Azrael „der Todesengel“
Er schreibt die Namen der Neugeborenen auf und streicht die der Verstorbenen wieder durch.
Einer anderen Beschreibung zufolge unterstützt er die Menschen bei ihrer Transformation. Azraels Rolle besteht in erster Linie darin, Menschen zum Zeitpunkt ihres Todes beim Übergang in die jenseitige Welt zu helfen. Er tröstet die Sterbenden vor ihrem Tod, sorgt dafür, dass sie während des Sterbens nicht leiden und hilft ihnen, sich auf der anderen Seite zurechtzufinden.
Azrael umgibt die trauernden Familienmitglieder und Freunde mit heilender Energie und spendet ihnen Trost und Kraft.
Er unterstützt ebenso alle Ärzte, Therapeuten und das Pflegepersonal, die mit Sterbenden und Trauernden arbeiten.

Baalto

Ein Engel der Erdgürtelzone
Er kennt und beherrscht die Kräfte unter der Erdoberfläche.
Baalto lehrt den Eingeweihten, sich mit den unterirdischen Kräften (z.B. Wasseradern) in Einklang zu bringen, um mit ihnen zu arbeiten.

Baamiel Engel des Gewitters
Er schützt den Eingeweihten vor Gewitterschäden jeglicher Art.

Baba Ein Engelwesen der Natur

Babhne'a Er ist ein gewaltiger Engel, der zum Schutz aufgerufen wird.
Seine Name wurde auf hebräischen und auf babylonischen Tafeln gefunden.

Badet Ein Engel der Erdgürtelzone
Er unterstützt die Kreativität und belebt die Phantasie des Menschen.

Bafa Ein Engel der Erdgürtelzone
Er schenkt den Schriftstellern Inspiration für die Gestaltung wunderbarer Texte.

Bagoloni Ein Engel der Erdgürtelzone
Er lehrt den Eingeweihten das Wissen und die Anwendung der Telepathie. Bagoloni ist dabei behilflich, das Wahre und das Wesentliche intuitiv zu erfassen.

Bahram Engel des Sieges

Bairim Bairim ist ein Engel des Wassers.

Balachiel Er lehrt den Eingeweihten, die Zusammenhänge zwischen Menschen, Ereignissen und Verbindungen jeglicher Art zu erkennen und zu verstehen.

Balachman Ein Engel der Edgürtelzone
Er offenbart den Eingeweihten die tiefsten Geheimnisse der Astrologie.

Balcak Er motiviert die Menschen, ihr Leben positiv zu gestalten.

Balem Er beaufsichtigt das Analogiegesetz: „Wie oben so unten, wie unten so oben ..." im gesamten Universum.

Baliet Ein Engel der Gerechtigkeit

Balsamos	„Gott ist mein Licht.“ Ein Engel des Lichtes, der den Menschen in dunklen Stunden mit seinem Licht beisteht und ihnen sprichwörtlich dass Licht am Ende des dunklen Tunnels zeigt.
Balthial	Engel des Feingefühls und der Nachsicht Er hilft den Menschen, sich selbst zu lieben, um somit das Gefühl „der Unvollkommenheit“ und das Gefühl der daraus resultierenden „Eifersucht“ zu überwinden.
Banamol	Er lehrt die Eingeweihten das Geheimnis der Materialisation.
Barachel	Engel des Rechts
Barachiel	Der 5. Engel der „Herrlichen Sieben“
Baradiel	Er ist der regierende Fürst des dritten Himmels. Einer anderen Beschreibung zufolge ist er der „Engel des Hagels“ und schützt vor Hagelschäden jeglicher Art.
Barakiel auch als Barkiel, Barbiel beschrieben	Engel des Glücks und des Erfolgs Weitere Beschreibungen: „Blitz Gottes“. Dieser wohlwollende Engel verleiht denen, die zu ihm beten, Erfolg, gutes Geschick und viel Glück. Er fördert ebenso Heiterkeit und den Sinn für Humor. Er ist einer sieben Erzengel. Er ist der Engel der Chancen und dafür verantwortlich, dass die Menschen stets neue Möglichkeiten erhalten. Zusammen mit Zachariel regiert er den zweiten Himmel. Engel der Fröhlichkeit Der Engel der Fröhlichkeit soll als einziger Engel erfolgreich sein im Kampf gegen den teuflischen Neid. „Blitz Gottes“, laut Henoch ist er einer jener Anführer, der irdischen Frauen beiwohnte.

Baraquiel	Engel der gebündelten Energien Er schützt die Menschen vor der Kraft dieser Energien, z.B vor dem Blitzschlag.
Barbelo	Engel der Fülle Engel der Fruchtbarkeit
Barbiel	Er gehört zu den regierenden Fürsten des Engelchors der Mächte. Einer anderen Beschreibung zufolge ist er der Engel des Monats Oktober. Er ermöglicht den Kontakt zu den Ahnen.
Barchiel	Dieser Engel steht den Sternzeichen Skorpion und Fische vor. Wer unter diesen Zeichen geboren ist, kann Barchiel um speziellen Schutz und Segen bitten. Er wird auch als „Engel des Mitgefühls“ bezeichnet. Er schenkt denen, die ihn darum bitten, eine tiefere Einsicht in die emotionalen Schichten der Menschen, um sich und seinen Nächsten zu heilen.
Barnabel	Engel des Trostes Er ermuntert die Menschen, optimistisch in die Zukunft zu schreiten.
Barnel	Ein Engel der Erdgürtelzone Er spendet die Lichtkraft der Harmonie und Sympathie.
Baroa	Ein Engel der Erdgürtelzone Engel der Harmonie, der Künste und der Schönheit Er inspiriert die Schriftsteller, Dichter, Künstler und verhilft ihnen zum Erfolg.
Barpharanges	Der Engel für die Quelle des Lebenswassers. Er ist ein Engel der Taufe. Einer anderen Beschreibung zufolge ist er der Engel der Baptisten und Wiccas.

Bartholomäus-Engel	Als Licht der Lichter und Engel der frohen Hoffnung schenkt er den Menschen gute Ideen und Geistesblitze.
Baruchin	Engel der Läuterung
Basanola	Herrscherengel über die Pflanzenwelt
Basjaun	Engel des Waldes Als Schutzpatron der Berghirten und der Herden warnt er sie vor Gefahren durch Geschrei.
Bastet	Engel der Freude und der Liebe
Bathor	Einer der sieben Olympischen Geister, die bekannt sind als Verwalter oder Ordnungshüter des Himmels.
Batamabub	Ein Engel der Erdgürtelzone Ihm untersteht die Bekleidung und Kopfbedeckung aller Völker vom Anbeginn der Zeit bis zum heutigen Tage. Er inspiriert Menschen in der Bekleidungsindustrie, vom Designer bis zum Schneider.
Batirunos	Ein Engel der Erdgürtelzone Engel der Glückseligkeit Er erschafft mit all seinen Helfern das, was den Menschen Freude und Glückseligkeit beschert.
Bazkiel	Einer der Engel, der den dritten Himmel beschützt.
Beduros	Einer von den neun Engeln, die am Ende die Welt regieren werden.
Behemiel	Engel der Tiere Er ist der Schutzengel der (zahmen) Tiere und kümmert sich um ihr Wohlergehen.
Bekaro	Ein Engel der Erdgürtelzone Engel der Gerechtigkeit Er unterstützt den Eingeweihten in jeder Angelegenheit, in der es um Gerechtigkeit geht.

Beleguel	Ein Engel des Neubeginns Er gehört der Engel-Legion des Erzengel Gabriels an.
Belemche	Ein Engel der Sonnensphäre Er beaufsichtigt die Ereignisse im Einklang mit den Universalgesetzen.
Belifares	Ein Engel der Erdgürtelzone Engel der Klugheit und der Weisheit Belifares offenbart dem Eingeweihten die Gesetze der Erde und lehrt ihn, diese auf der materiellen Ebene anzuwenden.
Benad Hashe	„Töchter von Gott“ Weibliche Engel – in der arabischen Überlieferung
Ben Nez	Engel der Winde
Berael	Engel des reinen Gewissens
Berkael auch als Berekeel beschrieben	Er wird als ein Lenker der Gestirne im Buch Henoch erwähnt.
Bialode	Ein Engel der Erdgürtelzone Engel der Autorität
Bildai	Bildai wird als Seraphim beschrieben, der den Apostel Matthäus leitete und schützte.
Bileka	Ein Engel der Erdgürtelzone Er unterweist die Eingeweihten in den verschiedenen Meditationspraktiken und lehrt sie, diese richtig und sinnvoll anzuwenden.
Blaef	Ein Engel der Luft und der Engel des Westwindes
Boel auch als Boul, Bool oder Bohel beschrieben	Einer der sieben Thronengel, die im ersten Himmel wohnen. Boel bewahrt die vier Schlüssel für die vier Ecken der Erde.

Bokumiel Engel der musikalischen Schwingungen, des Klanges, der Töne und der Musik

Boreb Ein Engel der Erdgürtelzone
Boreb überwacht die Einhaltung von Eiden und Schwüren, die die Menschen (egal in welchem Zusammenhang) ablegen. Er offenbart dem Eingeweihten die Auswirkungen des Nichteinhaltens eines abgelegten Eides oder Schwures und unterweist ihn darin, in welchen Fällen ein Eid oder ein Schwur ohne Folgen aufgelöst werden darf.

Boria Ein Engel der Erdgürtelzone
Er unterweist den Eingeweihten in die wechselseitige Wirkung der Elemente und Fluide.

Brakiel Engelfürst der göttlichen Kraft

Breffeo Ein Engel der Erdgürtelzone
Engel der Gerechtigkeit und der materiellen Gesetze
Er verhilft dem Eingeweihten zu seinem Recht.

Buriuh Ein Engel der Erdgürtelzone
Er unterweist den Eingeweihten in der Herstellung von Liebes-, Heil- und Räuchermischungen sowie in der Erschaffung von heilenden Salben und Ölen.

Butharusch Ein Engel der Erdgürtelzone
Er gilt als Initiator der menschlichen Koch- und Backkunst.

Caboneton Ein Engel der Erdgürtelzone
Engel der Astronomie und der Astrologie
Er erklärt den Eingeweihten den Einfluss und die Auswirkungen der Gestirne auf die Erde und somit auf die Menschen als Einzelne und als Nationen.

Cadiel Engel des Brotes

Cadmiel Cadmiel ist mit dem Schicksal der Menschen verwoben. Er soll sicherstellen, dass jede Frau und jeder Mann seinen eigenen Lebensweg geht und vollendet.
Sein Lieblingssatz lautet:
„Wenn deine Seele rechts herum geht, dann geh du nicht nach links!"

Cahatel Engel der Intuition
Er hilft den Menschen dabei, ihre Intuition und Vorstellungskraft zu entwickeln.

Cahiroum Engel der Nordwinde

Calacha Ein Engel der Erdgürtelzone
Er lehrt den Eingeweihten, die verschiedensten Krankheiten durch die Kraft des Wassers zu heilen. Calacha vertraut den naturheilkundlich interessierten Eingeweihten durch die Kraft der Inspiration und Intuition viele Geheimnisse an.

Calamos Ein Engel der Erdgürtelzone
Engel der Meereswelt
Calamos unterweist den Eingeweihten in die Geheimnisse des Meeres und der Unterwasserwelt. Er lehrt ihn, dass Meer durch die Kraft magischer Worte zu beschwichtigen und sich vor jeglicher Gefahr auf stürmischer See zu schützen.
Ebenso lehrt Calamos den Eingeweihten die besten Methoden der Pflanzenveredelung.

Camael auch als Camuel oder Kemuel beschrieben „Gottähnlich“
Erster Engel im Engelchor der Mächte
Personifikation göttlicher Gerechtigkeit. Er gehört zu den sieben Engeln, die unter der direkten Obhut Gottes stehen.
Dieser Engel herrscht über Schönheit, Freude, Glück und Zufriedenheit. Camael schenkt diese Gaben all jenen, die zu ihm beten.

Camael auch als Camuel oder Kemuel beschrieben

Einer anderen Beschreibung zufolge wird er als Mitglied der „Glorreichen Sieben“ beschrieben. Wenn er angerufen wird, erscheint er den Menschen oft in der Gestalt eines Leoparden.
Einer jüdischen Legende nach ist Camael der Engel, der aus Eifersucht verhindern wollte, dass Moses am Sinai von Gott die Gesetzestafeln erhielt.

Camalo

Ein Engel der Erdgürtelzone
Er offenbart den Eingeweihten die Geheimnisse der Mineralverbindungen und ihre magischen Anwendungsmöglichkeiten.

Camalon

Ein Engel der Erdgürtelzone
Er unterweist den Eingeweihten in die Kunst des Unsichtbarmachens.

Camarion

Ein Engel der Erdgürtelzone
Er lehrt den Eingeweihten, in welcher Beziehung die Nahrungsmittel der Erde in Bezug zur körperlichen, emotionalen und seelischen Gesundheit des Menschen stehen.

Cambiel

Engel der Anziehungskraft
Er vermittelt den Eingeweihten die Gesetze der Verwandlung, der Umwandlung und der Transformation. Cambiel schenkt denen, die ihn darum bitten, den Mut, ihre Gedanken in neue Richtungen und Sichtweisen zu lenken.
Einer anderen Beschreibung zufolge ist er ein Engel, der das Kristallwachstum überwacht, lenkt und leitet.

Canali

Ein Engel der Erdgürtelzone
Er inspiriert alle Menschen, die sich mit der Herstellung von Schmuck beschäftigen.

Capabile

Einer der drei Engelboten der Sonne

Capipa Ein Engel der Erdgürtelzone
Er verhilft den Eingeweihten zu Wohlstand, Reichtum und Ansehen, ohne dass diese materiellen Werte ein Hindernis für seine geistige Entwicklung sind.

Caracasa Engel der Lebenskraft
Ein Engel des Frühlings

Carahami Ein Engel der Erdgürtelzone
Er lehrt den Eingeweihten die Gesetzmäßigkeiten der Physik.

Caraschi Ein Engel der Erdgürtelzone
Er beschützt und inspiriert den Eingeweihten, der sich mit Heilmagnetismus beschäftigt.

Carona Ein Engel der Erdgürtelzone
Er unterweist den Eingeweihten im Umgang mit diversen Schutzmitteln gegen die Gewalten der Natur, wie z. B. Sturm und Gewitter.

Carubot Ein Engel der Erdgürtelzone
Engel der Inspiration
Er macht für Neues empfänglich und hilft, neue Ideen in die Tat umzusetzen.

Casmaron Ein Engel der Lüfte

Cassan Engel des Geistes

Cassiel Der Engel der Einsamen und Traurigen, der "die Einheit des ewigen Königreiches" weiterführt. Cassiel ist einer der Herrscher des Planeten Saturn und gleichfalls der Prinzregent des 7. Himmels.
Er ist einer der Sarim (Prinzen) in der Engel-Hierarchie der Mächte. Manchmal erscheint er als Engel der Enthaltsamkeit.
In der jüdischen Überlieferung trägt er den Namen Kafziel, „Schnelligkeit Gottes", Engel der Einsamkeit und der Tränen.

Cassriel	Ein Engel, der den Menschen die göttliche Weisheit nahebringt.
Casujoiah	Engel des Schicksals
Cathetel	Dieser Engel der Gärten fördert gesundes Wachstum und reichen Ertrag von Gemüse und Früchten jeglicher Art. Cathetel fordert die Menschen dazu auf, alle Wesen der Natur zu lieben, zu achten und zu schätzen.
Cedar	Der Engel, der den Süden regiert.
Ceetka	Engel, die über die Bewohner der Gewässer wachen und sie schützen.
Cepacha	Ein Engel der Erdgürtelzone Er vermittelt den Eingeweihten die Kunst und das Wissen der Schönheitspflege. Er lehrt, wie der Mensch den ihnen innewohnenden Schönheitsbrunnen nutzen kann.
Cermiel	Ein Engel der Erdgürtelzone Er überwacht die Inkarnation eines jeden Menschen. Er kann dem Eingeweihten viele Geheimnisse über das Leben und den Tod eines jeden Menschen erzählen.
Cerviel auch als Gerviel oder Zeruel beschrieben	„Gott hilft“ Engel des Mutes und der Kraft Laut jüdischer Überlieferung ist Cerviel der Schutzengel Davids, der ihm auch bei der Bezwingung Goliaths half.
Cesariel	Engel des Schutzes, der zu den Legionen des Erzengel Michaels zählt.
Cetarari	Ein Engel des Winters
Chaamiah auch als Haamjah, Haamiah beschrieben	Er ist der 38. Engel der 72 Engel Gottes. *(genaue Beschreibung des 38. Engel der 72 Engel Gottes, s. Haamiah)*

Chaboojah auch als Habujah, Habuiah beschrieben	Er ist der 68. Engel der 72 Engel Gottes. (genaue Beschreibung des 68. Engel der 72 Engel Gottes, s. Habuiah)
Chadail	Ein Engel der Erdgürtelzone Er inspiriert alle Menschen, die sich mit der landwirtschaftlichen Verbesserung befassen.
Chahaviah	Er ist der 24. Engel der 72 Engel Gottes. „Er verkörpert das Gute in sich selbst." *(In anderen Texten wird Jelahiah einmal als der 24., dann wiederum als der 44. Engel der 72 Engel Gottes beschrieben.)* *(Ebenso konnte ich Texte finden, in denen Chahaviah als der 24., dann wiederum als der 31. Engel der 72 Engel Gottes beschrieben wurde.)* *(genaue Beschreibung des 24. Engel der 72 Engel Gottes, s. Hahuiah)*
Chairoum	Der Herrscherengel über den Nordwind Damit die Erde nicht zu nass wird, hält er in seiner Hand einen Feuerbrand. (Apokryphes Bartholomäus-Evangelium)
Chalkatura	Einer der neun Engel, die laut dem apokryphen Bartholomäus-Evangelium ständig durch Himmel und Erde streifen, um die gesamten Energien zu erneuern.
Chalkydri	Die Erzengel der fliegenden Sonnenelemente. Sie sind mit den Phoenixen verbunden und stehen zwischen den Seraphim und den Cherubim. Sie haben zwölf Flügel, und bei Sonnenaufgang erstrahlt ihr Gesang mit dem Leuchten der Sonne zu Ehren Gottes! Sie residieren im 4. Himmel. Einer anderen Beschreibung zufolge sind sie die Diener des Geistes der Wahrheit.

Chamuel / hier gibt es sehr viele unterschiedliche Beschreibungen z.B. auch als Camael, Chamael, Camiel, Camiul, Camniel, Cancel, Jahoel, Kemuel, Khamael, Seraphiel Shemuel und in weiteren Büchern als Anael und Hanael beschrieben	Wegen der vielen Namensbeschreibungen gibt es ebenso viele Namensdeutungen, wie z.B.: „Er, der Gott sieht“ / „Er, der Gott sucht“ / „Gott ist mein Ziel“ / „Der nach Gott Suchende“ / „Wer Gott sucht“ / „Gottes Huld und Mildtätigkeit“ / „Gottes Barmherzigkeit“ und „Kraft des Herzens Gottes“. Er ist einer der sieben Erzengel und Anführer der Engel-Hierarchie des Engelchores der Mächte. Er hat die Fähigkeit, den Menschen aus dem “Verhaftetsein” herauszuführen und ihn mit einer Leichtigkeit zu durchdringen, die des Menschen Lebensfreude erwachen lässt. Er bringt den Menschen die göttliche Schönheit näher, dadurch inspiriert er jede Form der künstlerischen Tätigkeit. Er schenkt den Menschen Harmonie und dadurch die Möglichkeit, Beziehungen jeglicher Art (zu Menschen, Natur, Gott, …) zu klären. So fördert er Versöhnung, Verständnis und Mitgefühl. Er wird auch als Engel der Mildtätigkeit und Toleranz bezeichnet. Mit seiner Hilfe kann der Eingeweihte lernen, wie er trotz Schwierigkeiten heiter und gelassen bleibt. Chamuel entfacht die Toleranz in den Herzen der Menschen, indem er in ihnen die Erkenntnis wachsen lässt, dass wir uns selbst lieben müssen, um andere zu lieben. Chamuel hilft den Eingeweihten dabei, Vorurteile anderen gegenüber loszulassen und eine tolerantere Sichtweise der eigenen Unzulänglichkeiten zu entwickeln.
Chamyet	13. Thronengel
Chaniel	Engelfürst der Heilung und Hilfe

Charagi	Ein Engel der Erdgürtelzone Er unterweist und inspiriert den Eingeweihten in der Entdeckung technischer Erfindungen, die dabei helfen, die Pflege und Bearbeitung der Landwirtschaft zu verbessern und zu vereinfachen.
Charbiel	Er ist dazu bestimmt, “alles Wasser der Erde zusammenzuziehen und zu trocknen”.
Charmine	Engel der Harmonie und der kosmischen Ordnung Er vermittelt den Menschen, die ihn darum bitten, Harmonie in schwierigen Situationen und verhilft ihnen zu innerem Gleichgewicht.
Charonthona	Ein Engel der Erdgürtelzone Er unterweist den Eingeweihten in das Gesetz von „Ursache und Wirkung“ und vermittelt ihm so dass Wissen des „Karma“.
Charoum	Er herrscht über die nördliche Himmelsrichtung. Charoum schenkt denen, die ihn darum bitten, die Fähigkeit, die Stille wertzuschätzen und die Integrität, Geheimnisse hüten zu können. Von diesem himmlischen Beschützer wird traditionell gesagt, dass er die Erdoberfläche vor exzessivem Regen, Sintfluten und Wirbelstürmen behütet.
Chasmal	Er gehört zum Chor der Herrschaften, zu den Engeln der reinen Gnade.
Chassan	Engel der Weisheit
Chayo	15. Thronengel
Chaylon	Er unterstützt den Eingeweihten bei magischen Ritualen.
Chayoth	Diener der Weisheit
Chayyiel / auch als Chayyliel beschrieben	Anführer der Cherubim

Chazkiel	Engel des Reichtums und der Fülle
Cheikaseph	Ein Engel der Erdgürtelzone Er ist der Engel der Zahlen, der Mathematik. Cheikaseph unterweist den Eingeweihten in das Wissen der Zahlen und alle Rechenmethoden.
Chesediel	Engelfürst der Geheimhaltung und des Schweigens
Chibys	Ein Engel, der das Gesetz von „Ursache und Wirkung", das Karma, überwacht.
Chimirgu	Ein Engel der Erdgürtelzone Er lehrt den Eingeweihten die Mysterien der Schöpfung.
Chironen	Engel, die als Hüter des Weltengedächtnisses dienen.
Chomaliel	Engel der Gegenwart Er hilft den Menschen, die ihn darum bitten, die Vergangenheit hinter sich zu lassen und nach vorne zu schauen, um im "Hier und Jetzt" zu leben.
Chosniel	Er schenkt den Menschen ein gutes Gedächtnis und ein offenes Herz.
Chur	Engel der Sonne
Chus cha	6. Thronengel
Chyriel	Verkünder der Weisheit
Cigila	Ein Engel der Erdgürtelzone Er offenbart den Eingeweihten die magisch-kabbalistische Mystik, mit deren Hilfe er „Göttliche Tugenden" in sich entfalten kann.
Cobel	Ein Engel der Erdgürtelzone Er unterweist den Eingeweihten in die Geheimnisse der Zusammensetzung aller Düfte und deren unterschiedliche Wirkungen.

Cochaly — Ein Engel der Erdgürtelzone
Er schützt alle Sportler und beflügelt sie zu außerordentlichen Höchstleistungen.

Colopatiron — Engel der Freiheit und Unabhängigkeit
Colopatiron ist befähigt, Gefängnistore aufzusperren und schützt somit alle Menschen, die für Freiheit und Unabhängigkeit jeglicher Art kämpfen, sei es auf wirtschaftlichen, spirituellen oder psychologischen Gebieten.

Commissoros — Einer der vier Engel des Frühlings
Er verkörpert die Entfaltung und sendet reine göttliche Energie als Wachstumskraft.

Concario — Ein Engel der Erdgürtelzone
Er unterweist den Eingeweihten in der Mond-Magie.

Conioli — Ein Engel der Erdgürtelzone
Er unterweist den Eingeweihten in der Zahlensymbolik und lehrt ihn, dieses erworbene Wissen in die Praxis umzusetzen.

Corabael — Ein Engel des Montag, der im 1. Himmel wohnt und von Westen angerufen wird.

Corabiel — Engel des Planeten Merkur

Corat — Ein Engel der Lüfte, der von Osten gerufen wird.

Core — Ein Engel des Frühlings

Corilon — Ein Engel der Erdgürtelzone
Er gilt als der Beschützer und Helfer aller Künstler. Er verhilft ihnen auch zu finanziellem Erfolg.

Cornelion — Ein Engel des Friedens

Corocona — Ein Engel der Erdgürtelzone
Er unterweist den Eingeweihten in der Herstellung der „wahren Goldtinktur“ und lehrt ihn, damit zu heilen.

Cosmiel — Ein Engel, der das Wissen über alle Himmelskörper und deren Umlaufbahnen vermittelt.

Cosmoel	Engel der Glückseligkeit
Ctarari	Einer der zwei Engel des Winters, der andere ist Amabael.
Cumael	Ein Engel, der zu den Legionen Uriels zählt.
Dabetz	Ein Engel der Sonnensphäre Er überträgt die Erkenntnis der göttlichen Tugenden auf den Eingeweihten und hilft ihm dabei, diese Erfahrung umzusetzen.
Dagio	Ein Engel der Erdgürtelzone Er verhilft den Eingeweihten zu einem ausgezeichneten Gedächtnis und einem schlagfertigen Ausdruck in allen Lebenslagen.
Dai / auch als Dey beschrieben	Laut dem sechsten und siebten Buch Moses ein Engel des Engelchores der Mächte. In alten persischen Legenden ist er der Engel vom Dezember.
Dalquiel	In der Kabbala zählt er zu drei Prinzen des 3. Himmels, die über das Feuer regieren.
Damabajah / auch als Damabiah, Damabjah beschrieben	Der 65. Engel der 72 Engel Gottes „Er ist die Quelle der göttlichen Weisheit." Einer anderen Beschreibung zufolge ist er einer der 72 Engel der Merkur-Zone. Damabajah kennt alle Geheimnisse, die mit dem Element Wasser zu tun haben, und unterweist den Eingeweihten in die Heilkunst des Wassers. Ebenso unterweist er den Eingeweihten in die Geheimnisse der Herstellung und Aktivierung von Talismanen und Amuletten. In einer anderen Beschreibung wird ihm der Psalm 90, Vers 13 zugeordnet: „Herr, wende Dich uns doch endlich zu! Hab Mitleid mit Deinen Knechten!" Einer anderen Beschreibung zufolge ist er ein Engel, der über den Schiffbau wacht.
Damiel	Ein Engel, der den Weg weist.

Daniel / auch als Denejel beschrieben

Er ist der 50. Engel der 72 Engel Gottes.
„Ein milder, gnädiger Richter"
Einer anderen Beschreibung zufolge ist Daniel einer der 72 Engel der Merkur-Zone. Er offenbart den Eingeweihten die Wirksamkeit der göttlichen Tugenden, damit sie durch diese Erkenntnis die Energien der Liebe und der Barmherzigkeit in sich selbst beeinflussen können.
In einer anderen Beschreibung wird ihm, ebenso wie dem siebten Engel Akaiah, der Psalm 103, Vers 8 zugeordnet: „Der Herr ist barmherzig und gnädig, langmütig und reich an Güte."
Engel der Liebe, der Güte, der Gnade und der Barmherzigkeit

Danijel

Ein Engel der Gerechtigkeit

Dantiel

Engel des Orakels
Engel des Schicksals

Dara

Engel des Wassers, der Gewässer und des Regens

Darachin

Ein Engel der Erdgürtelzone
Er unterweist den ethisch einwandfrei lebenden und denkenden Eingeweihten in die geheimen Fähigkeiten, den Verstand und den Intellekt eines Menschen zu durchschauen und zu beeinflussen.

Darel

Er schenkt uns den Blick auf das Licht am Ende des dunklen Tunnels. Er ist verantwortlich dafür, dass allen Menschen, die Gefahr laufen, ihre Hoffnung und ihren Glauben zu verlieren, Licht und Liebesenergien gegeben werden, damit sie ihren Kopf heben und das Licht wieder sehen können.

Darom

Engel des heiligen Stabes

Debam

Ein Engel der Erdgürtelzone
Er offenbart den Eingeweihten die magisch-rituellen Gesten.

Debythet	Ein Engel der Sonnensphäre Er überwacht alle Gärungs- und Verbrennungsprozesse.
Deusel	Engel der Wärme Er zählt zu den Legionen Uriels.
Dijoniah	Engel der Fröhlichkeit
Dimurga	Ein Engel der Erdgürtelzone Er beschützt alle Reisenden, insbesondere die Personen, die über ein Meer/Gewässer reisen. Dimurga unterweist den Eingeweihten in der Herstellung spezieller Schutz-Talismane für Reisende.
Dina / auch als Yefefiah oder Iofiel beschrieben	Engel des Gesetzes (Tora), des Wissens und der Weisheit Als die Welt erschaffen wurde, lehrte Dina die Menschen siebzig verschiedene Sprachen. Er ermuntert die Menschen dazu, nach Weisheit, Wissen und nach der Liebe zum Lernen zu streben.
Diniel	Diniel ist einer der 70 Kindbett-Amulettengel. Er ist auch einer der Engel, die die Texte vorsprechen in: „Das Zungengelübde des Herrschers".
Dirachiel	Engel des Friedens und der Mystik Einer anderen Beschreibung zufolge ist er der Engel, der das sechste Haus der achtundzwanzig Häuser des Mondes beherrscht.
Dirilisin	Ein Engel der Erdgürtelzone Er vermittelt den fortgeschrittenen Eingeweihten die Fähigkeit, Herr über Raum und Zeit zu werden.
Dokiel	Engel der Wahrheit
Domaliel	Engel der Ruhe und der Ausgeglichenheit
Donel	Einer der zahlreichen Engelwächter des Südwindes

Dratzel Engel der Heilung
Dratzel bringt denen Heilung, die darum bitten, und unterweist diejenigen in der Heilkunst, die aus reinem Herzen heilen möchten.

Ebaron Ein Engel der Erdgürtelzone
Er unterrichtet den Eingeweihten in den Methoden des astralen und mentalen Wanderns in den drei Ebenen und anderen Sphären.

Ebuhuel Einer der acht Engel der Allmacht

Ebvap Er überwacht die Ordnung von Ebbe und Flut. Den Eingeweihten unterrichtet und schützt Ebvap im Umgang mit der Mond-Magie und den möglichen ungünstigen Einflüssen.

Ebvep Dieser elfte Vorsteher der Mondsphäre ist ein hervorragender Initiator der phänomenalen Mond-Magie.

Ebytzyril Ein Engel der Sonnensphäre, der das Gesetz der Gravitation im gesamten Universum leitet.

Ecanus Engel der Inspiration
Er unterstützt all jene, die mit „Schrift" und „Worten" umgehen, z.B. Schriftsteller, Redner …

Ecdulon Ein Engel der Erdgürtelzone
Er unterweist den Eingeweihten in die Geheimnisse der Liebesmagie und verwandelt Feindschaft in Freundschaft.

Echagi Ein Engel der Erdgürtelzone
Er offenbart den Eingeweihten die Zusammenhänge heimtückischer Krankheiten und lehrt ihn, die geeigneten Mittel herzustellen, um diese Krankheiten zu heilen.

Echami
Ein Engel der Erdgürtelzone
Er unterweist den Eingeweihten in die Geheimnisse des Karma-Yoga, welcher besagt: „Gute Taten um ihrer selbst willen vollbringen, nicht um eine Gegenleistung in Form einer Belohnung zu erhalten oder ein bestimmtes Ziel zu erreichen."

Echotasa
Ein Engel der Mondsphäre
Er lehrt den fortgeschrittenen Eingeweihten den Schutz und die Schutzmaßnahmen, um die negativen Kräfte der Mondsphäre zu bezwingen.

Egention
Ein Engel der Erdgürtelzone
Er behütet die Reisenden, ob zu Land, zu Wasser oder in der Luft.

Eguel
Engel der Disziplin

Eiaiel / auch als Eiael, Aajoel beschrieben
Er ist der 67. Engel der 72 Engel Gottes.
„Engel der Freude"
Einer anderen Beschreibung zufolge ist er einer der 72 Engel der Merkur-Zone. Er offenbart den Eingeweihten das Wissen, mit dem sie die höchste Erleuchtung, die absolute Vollkommenheit erreichen und alle Hindernisse auf diesem Weg der Vollkommenheit überwinden können.
Eine weitere Beschreibung ordnet ihm den Psalm 37, Vers 4 zu:
„Freu dich innig am Herrn! Dann gibt er dir, was dein Herz begehrt."

Eirnilus
Engel der Früchte

Ekore
Ein Engel der Erdgürtelzone
Engel des Schicksals
Er lenkt das Schicksal eines jeden Menschen und unterweist den Eingeweihten darin, den Unterschied zwischen Schicksalseinfluss und freiem Willen zu erkennen.

Ekorim

Ein Engel der Erdgürtelzone
Er unterweist die Menschen seit Beginn der Zeit darin, verschiedenerlei Formen aus Erde, Lehm und Gips zu erschaffen, z.B. Gefäße und Töpfe, oder auch Lehm zu Ziegeln zu verarbeiten.

Elason

Ein Engel der Erdgürtelzone
Er behütet die wahrhaftigen Ideale und unterstützt den Eingeweihten darin, diese Ideale zu verwirklichen.

Elami

Ein Engel der Erdgürtelzone
Er ist kundig aller Gewässer, die sich unter der Erde befinden, die er mit seinen Helfern hegt und pflegt. Elami unterstützt den Eingeweihten darin, Wasser auch ohne die Hilfe einer Wünschelrute zu finden.

El Auria

Ein Engel der reinigenden Flammen. Er zählt zu den Legionen Uriels.
Einer anderen Beschreibung zufolge ist er ein Engel der Flammen, der mit Uriel/Ouriel gleichzusetzen ist.

El El

Ein Engelwächter des Nordwindes

Eleleth

Ein Engel der göttlichen Inspiration

Elemiah / auch als Elemjah, Olmiah beschrieben

Er ist der 4. Engel der 72 Engel Gottes.
„Er ist verborgen und stark."
Einer anderen Beschreibung zufolge ist er einer der 72 Engel der Merkur-Zone. Er unterweist den fortgeschrittenen Eingeweihten darin, nicht nur sein Schicksal, sondern auch das Schicksal anderer zu beeinflussen. Elemiah lehrt den Eingeweihten diverse Methoden, um mit Verstorbenen in Kontakt zu treten.
Einer weiteren Beschreibung zufolge ist er einer von den acht Seraphim vom *Baum des Lebens* im Buch Yetsirah.
Elemiah ist der Schutzengel aller Seeleute. Er schenkt ihnen Kraft, Zuversicht und Erfolg.

Elemiah / auch als Elemjah, Olmiah beschrieben	Eine andere Beschreibung ordnet ihm Psalm 6, Vers 5 zu: „Herr, wende dich mir zu und errette mich, in deiner Huld bring mir Hilfe!"
Elepinon	Ein Engel der Erdgürtelzone Engel der mantischen Künste *(In der Mantik (Wahrsagekunst) werden zahlreiche Praktiken und Methoden zusammengefasst, die dazu dienen sollen, zukünftige Ereignisse vorherzusagen oder anderweitig verborgenes Wissen zu erlangen, das den gewöhnlichen, physischen Sinnesorganen nicht zugänglich ist.)* Elepinon lehrt den Eingeweihten die Analogiegesetze und bildet ihn in den mantischen Künsten aus. Der fortgeschrittene Eingeweihte kann mit Hilfe der Mantik und der Unterstützung Elepinons die größte Meisterschaft der Prophetie erreichen.
Eliael	Engel der Selbstüberwindung Er unterstützt diejenigen, die ihn darum bitten, darin, sich selbst zu überwinden, über den eigenen Schatten zu springen. Eliael schenkt ihnen die Kraft, den ersten Schritt zu tun. Hat der Mensch sich selbst überwunden, wird er für die Mühe reichlich belohnt: Man wächst über sich selbst hinaus und erreicht dadurch mehr Spielraum für sein Handeln.
Elim	Ein Seraphim Ihm war der Apostel Judas Thaddäus anvertraut.
Elimiel	Engel des Mondes
Elion	Engel des Friedens Engel der Natur
Elogium	Ein Engel, der den Monat Elul im hebräischen Kalender (September) regiert. Einer anderen Beschreibung zufolge ist Uriel der regierende Engel des Monats September.

Eloa	Ein weiblicher Engel, der angeblich aus einer Träne geboren wurde, die Jesus vergoss.
Elomeel / auch als Ilylumiel beschrieben	Einer der regierenden Engel der Jahreszeiten
Emayisa	Ein Engel der Sonnensphäre Er bewahrt den Selbsterhaltungstrieb, den Lebenswillen in allem Erschaffenen.
Emcheba	Ein Engel der Mondsphäre Er unterweist den Eingeweihten in die Mumial-Magie, soweit diese mit dem Wirkungsbereich des Mondes in Verbindung steht. *(Als Mumia bezeichnet man körpereigene Substanzen wie Blut, Nägel, Tränen etc. Die Praxis der Mumial-Magie findet häufig bei mittelalterlichen Liebeszaubern und der Magie der alten traditionellen Zigeuner und Hexen Anwendung, da sie auf feinstofflicher (bio-chemischer) und magischer Ebene zugleich arbeitet.)*
Emedetz	Er hütet und begünstigt das Säen, Keimen, Gedeihen und Wachsen bei allen Lebewesen, bei Menschen, Tieren und bei den Pflanzen.
Emfalion	Ein Engel der Erdgürtelzone Engel der Jugend und der Verjüngung Er unterweist den Eingeweihten in die Geheimnisse ewiger Jugend und in der Herstellung von verjüngenden Mitteln.
Emhom	Ein Engel der Mondsphäre Er lehrt den fortgeschrittenen Eingeweihten die verschiedensten Bannformeln zum Schutz vor negativen Kräften. Diese Formeln bieten ebenso Schutz vor dunklen Kräften, jeglichen Angreifern sowie vor gefährlichen Tieren.
Emiliel	Ein Engel, der die Menschen dabei unterstützt, ihre Ideen in die Tat umzusetzen.

Emnasut Ein Engel der Sonnensphäre
Er herrscht über das Urelement Feuer im gesamten Universum.

Emnepe Ein Engel der Mondsphäre
Emnepe unterweist den fortgeschrittenen Eingeweihten in den speziellen Methoden, die es ihm ermöglichen, mit seinem Mentalkörper innerhalb der Mondsphäre in der Akasha-Chronik zu lesen.

Emnymar Ein Engel der Mondsphäre
Er überwacht die Empfängnis, die Schwangerschaft und die Geburt eines jeden Menschen. Zusammen mit dem zugehörigen Engelvorsteher der Erdgürtelzone lässt er die Menschen das Licht der Welt erblicken. Den Eingeweihten gibt Emnymar Auskunft über die beste Zeit der Empfängnis, das Geschlecht und hilft eine schmerzlose Entbindung herbeizuführen.

Empebyn Ein Engel der Mondsphäre
Er hütet die Mysterien der Sonne, des Sonnenlichts und ihre Wirkungen auf den Mond, die Menschen, Tiere, Mineralien und Pflanzen. Den Eingeweihten unterweist Empebyn in diesen Mysterien.

Emrudue Ein Engel der Mondsphäre
Engel des Erfolgs und des Glücks. Er unterstützt den Eingeweihten bei der Erfüllung von Wünschen mit Hilfe der Mond-Magie.

Emtircheyud Ein Engel der Mondsphäre
Er unterweist den Eingeweihten u. a. in die Gesetze der Biorhythmik und der Periodizität auf der Erde.

Emtub Ein Engel der Sonnensphäre
Er leitet das Schicksal und das Karma all dessen, was lebt und je erschaffen wurde.

Emtzel
Ein Engel der Sonnensphäre
Ihm obliegt das Gesetz der Dynamik auf allen Ebenen des Lebens, im gesamten Universum.

Emuyir
Ein Engel der Sonnensphäre
Er herrscht über das Urprinzip der Gesundheit, welches im völligen Gleichklang mit dem Analogiegesetz steht.

Emvatibe
Ein Engel der Mondsphäre
Er schützt den Eingeweihten vor der Heimtücke und den Racheakten feindlich gesinnter Menschen.

Emzhabe
Ein Engel der Mondsphäre
Er unterweist den Eingeweihten in die Analogie bestimmter Mineralien mit dem Mond, der Mondsphäre und der Mond-Magie.

Emzhebyp
Ein Engel der Mondsphäre
Er beschützt alle Menschen, deren Erkrankungen (Mondsüchtigkeit, div. Frauenleiden etc.) auf einen ungünstigen Mondeinfluss zurückzuführen sind.

Emzher
Ein Engel der Mondsphäre
Er hütet die Geheimnisse des Wassers und der Temperatur. Den Eingeweihten unterweist Emzher darin, mit Hilfe der Mond-Magie das Wasser zu beherrschen und sich vor jeglicher Temperatur und deren Auswirkungen (z.B. Verbrennungen) zu schützen.

Emzhit
Ein Engel der Mondsphäre
Engel der magischen Verwandlung
Er unterweist den Eingeweihten in den verschiedenen Techniken, mit Hilfe der Mond-Magie unsichtbar zu werden, und in der Kunst der Entmaterialisation und Materialisation.

Enchede Ein Engel der Mondsphäre
Ein Engel der Sympathie und Liebe
Er unterweist den Eingeweihten in die Mond-Magie der Liebe.

Enejie Ein Engel des Siegels, der in magischen Ritualen gerufen werden kann.

Eneki Ein Engel der Erdgürtelzone
Eneki verleiht dem Eingeweihten Scharfblick und eine hohe Intuition in Hinblick auf Prophezeiungen.

Eneye Ein Engel der Mondsphäre
Engel der Gerechtigkeit, der Wahrheit und des Friedens
In Zeiten des Krieges steht er all jenen zur Seite, die die wahrhaftigen Ideale des Friedens, der Wahrheit und der Gerechtigkeit verfolgen.

Engel der Kindergeburt Es gibt siebzig Amulett-Engel, die bei der Kindergeburt gerufen werden können.

Eralicarison Ein Engel der Erdgürtelzone
Er hilft den Eingeweihten bei der Übersetzung und dem Verstehen schwieriger Texte.

Eralier Ein Engel der Erdgürtelzone
Er unterweist den Eingeweihten in der Zubereitung und der Realisierung des „Steins der Weisen".

Ergomion Ein Engel der Erdgürtelzone
Engel der Farbenkunde
Er unterweist den Eingeweihten in die Bedeutung, in die Herstellung und die Mischung der Farben.
Er inspiriert die Maler zu den erstaunlichsten Mischrezepten von Farben, Tinten usw.

Erimihala Ein Engel der Erdgürtelzone
Er enthüllt den fortgeschrittenen Eingeweihten viele Geheimnisse der unsichtbaren Welt.

Erimites	Ein Engel der Erdgürtelzone Engel des Friedens. Er offenbart den Eingeweihten, auf welche Art und Weise gute Einflüsse durch das Akasha-Prinzip hervorgerufen werden können. *(Nach H.P. Blavatsky ist Akasha die Matrix des Weltalls, das Mysterium Magnum, aus dem alles, was existiert, durch Trennung oder Differenziation geboren ist.)*
Erytar	Ein Engel der Erdgürtelzone Er unterweist den Eingeweihten in den Wirkungsweisen der Elektrophysik.
Eserchie / auch als Oriston beschrieben	Den Namen dieses Engels soll Moses gerufen haben, als er die Frösche in Ägypten als eine der zehn Plagen hervorbrachte. Es heißt ebenso, dass Eserchie von Moses aufgerufen wurde, als er das Wasser des Nil in Blut verwandelte.
Etamrezh	Ein Engel der Mondsphäre Er lehrt den Eingeweihten, wie er sich in allen Lebenslagen gegen alle sichtbaren und unsichtbaren Feinde und Fremdeinflüsse fest und widerstandsfähig machen kann, um so eine magische Unantastbarkeit zu erlangen.
Etasacheye	Ein Engel der Mondsphäre Er hütet alle magischen Tänze und Rituale, die mit der Mond-Magie in Verbindung stehen. Die fortgeschrittenen Eingeweihten unterweist er in diesen Ritualen und Tänzen, damit sie infolgedessen besondere Kräfte und Fähigkeiten entwickeln können.
Eth	Engel der Zeit Er sorgt dafür, dass alle Dinge zur rechten Zeit geschehen.
Etzybet	Ein Engel der Sonnensphäre, der die rechtmäßige Befolgung der Universalgesetze im gesamten Universum überwacht.

Evamel / auch als Omael beschrieben	Er ist der 30. Engel der 72 Engel Gottes. „Ist geduldig und ausdauernd" *(genaue Beschreibung s. Omael)*
Eurabatres	Ein Engel des Planeten Venus
Ezechiel	Engel der Treue und Engel des Wissens
Ezekiel	Engel des Todes und Engel der Transformation
Ezgadi	Ein Engel, der in Beschwörungsritualen gerufen werden kann, damit Reisen erfolgreich beendet werden.
Ezhabsab	Ein Engel der Sonnensphäre Er beschützt alle Wasserlebewesen auf allen Planeten des Universums.
Ezheme	Ein Engel der Mondsphäre Engel des Wissens und der Weisheit
Ezhesekis	Ein Engel der Mondsphäre Er offenbart den Eingeweihten, wie sie sich durch die wechselseitigen Einflüsse der Mondsphäre Glück und alles Gute herbeiführen können.
Ezhobar	Ein Engel der Mondsphäre Ezhobar offenbart den fortgeschrittenen Eingeweihten die okkulten und magischen Fähigkeiten der Mond-Magie. Er lehrt sie, die Symbole, die in der Mond-Magie hellsichtig erschaut werden, richtig zu deuten.
Ezrael	„Hilfe von Gott" / „Hilfe Gottes" Er ist ein Engel des Zornes und der Zerstörung.
Fadiel	Er ist der Engelfürst der göttlichen Offenbarung.
Faluna	Ein Engel der Erdgürtelzone Er begleitet und unterstützt den Eingeweihten auf seinem Weg zu Wohlstand und Fülle. Faluna unterweist seine Schüler in der Herstellung verjüngender Mittel, die sie ebenso vor schädigenden äußeren Einflüssen schützen.

Fanuel / auch als Phanuel beschrieben	„Angesicht Gottes“ Er ist der Beschützer der Menschen, die das ewige Leben besitzen: Er wehrt alle Dämonen ab, die die Menschen vor Gott anklagen wollen. Einer anderen Beschreibung zufolge ist er einer der vier Engel der Gegenwart. Manchmal wird er auch als ein anderer Aspekt Uriels beschrieben.
Farun Faro Vakshur	Laut persischer Überlieferung ist Farun Faro Vakshur der schützende Engel der Menschheit.
Feeli	Engel der Luft
Fenel	Engel des Gnade und der Barmherzigkeit
Fermetu	Ein Engel der Erdgürtelzone Ein Engel des Friedens, er wirkt bei allen Friedensangelegenheiten, gleich ob in der Familie, in der Ehe, in Freundschaften, Geschäften oder bei ganzen Völkern.
Filakon	Ein Engel der Erdgürtelzone Er lehrt die Menschen Ordnung, Reinheit, Hygiene und Ästhetik.
Firul	Ein Engel der Sonnensphäre Er überwacht und leitet das Gesetz der Festigkeit und der Kohäsion (Zusammenhangskraft) im ganzen Universum.
Flabison	Ein Engel der Erdgürtelzone Ein Engel des Vergnügens, der Unterhaltung, des Wohlergehens und der Künste
Floriansengel	Engel-Helfer in der Not
Foca	Engel des Naturreichs Er offenbart die Schätze der Natur, z.B Heilpflanzen, Goldadern, Edelsteine etc.
Folatel	Engelgruppe des Naturreichs Diese Engel sorgen sich um das körperliche Wohl der Tiere.

Forfasan — Ein Engel der Erdgürtelzone
Er ist der Hüter der Schlüssel der Weisheit. Forfasan offenbart den Eingeweihten ihren eigenen individuellen Weg, den sie, wenn sie eine gewisse Reife erlangt haben, gehen werden.

Forsteton — Engel der Fruchtbarkeit

Fortunata — Engel des Wohlstands
Er bringt uns, durch die göttliche Gnade, den Wohlstand in unser Inneres und in unsere Außenwelt.

Furfur — Ein Engel des Blitzes und des Donners

Furlac — Ein Engel der Erde

Fusradu — Ein Engel der Sonnensphäre
Er leitet die Gesetze der Sympathie und Antipathie auf allen Planeten.

Gabriel — „Gott ist stark", „Gott ist Kraft", „Gott ist meine Kraft", „Mein Vertrauen ist in Gott". Die Etymologie des Namens Gabriels entzweit die Gelehrten, und so finden wir leicht abweichende Bedeutungen des Namens.
Gabriel ist der Engel der Verkündigung, der Bote der Menschwerdung und der Fürsprecher bei „Unseren lieben Frau". Er erscheint oft den Propheten, um ihnen ihre Vision zu erklären.
Er ist der Fürst des achten Chores, Erzengel der Erkenntnis, Licht der Erlösung und der Auferstehung. Er sendet die Kraft der Veränderung und der Erneuerung aus.

Gabrielsengel — Die Engel-Legionen, die Gabriel zugeordnet sind.

Gabuthelon — Kraft Gottes
Er heilt alle verwundeten Herzen und hilft den Trauernden.

Gagiel — Engel der Fische

Gagison

Ein Engel der Erdgürtelzone
Er offenbart den Eingeweihten durch ihre Intuition alle Religionssysteme, die es bisher auf Erden gibt und gegeben hat. So fordert er auf, die sprichwörtliche Spreu vom Weizen zu trennen. Gagison lehrt den Eingeweihten, die Universalgesetze innerhalb eines jeden Religionssystems zu erkennen und zu verstehen.

Gagolchon

Ein Engel der Erdgürtelzone
Engel der Naturwissenschaft. Er unterweist die Naturforscher, lehrt sie, die Geheimnisse der Natur zu entdecken und zu verstehen.

Galago

Ein Engel der Erdgürtelzone
Er unterweist den Eingeweihten in der Kunst, seine Aura so zu imprägnieren, dass er Ansehen, Ehre usw. auf magische Weise herbeiführen kann.

Galgaliel / auch als Gagalliel beschrieben

Die Wagen der Merkabah
Chefengel des Sonnenrades, Engel der Schwingung. Er erfüllt uns mit unserer eigenen wahren Schwingungsfrequenz, die wir auf die Erde mitbringen. Er erinnert uns daran, dass alles im gesamten Kosmos Schwingung, Energic ist. Das, was wir aussenden, wird millionenfach zu uns zurückschwingen.
Einer anderen Beschreibung zufolge ist Gagalliel ein Engel, der bei allen Gefahren in Zusammenhang mit der Sonne und dem Sonnenlicht um Hilfe angerufen werden kann.

Galgallim

Geister des Rades, „deren Räder wie ein Türkis sind". (Hesekiel 1,16)
Sie schaffen Kraftzentren auf der Erde, stärken sie und versorgen diese Plätze mit Energie.

Gallisur

Engel der Weisheit und der Literatur

Gallizur

Engel der Mysterien

Galmon Ein Engel, der an dem Tor der 4. Himmelshalle wacht.

Gane Ein Engel der Sonnensphäre
Er überwacht die Evolution aller Lebewesen auf allen Planeten im gesamten Universum.

Gargatel Einer der drei Sommerengel. Die beiden anderen sind Tariel und Gaviel.

Gariniranus Ein Engel der Erdgürtelzone
Engel der Physik, der Metaphysik und der Astrophysik

Garses Ein Engel der Erdgürtelzone
Er unterweist den Eingeweihten in den magischen Praktiken, die sich auf die Feststellung von Erdstrahlung beziehen.

Gaviel Einer der drei Sommerengel. Die beiden anderen sind Tariel und Gargatel.

Gavreel Ein Engel des Friedens, er zählt zu den Legionen Uriels.

Gazardiel Der Engel, der über die aufgehende Sonne wacht. Die Menschen beten zu diesem Engel, um das Versprechen eines Neubeginns, der Unschuld, der Erneuerung, des Erwachens und der Erleuchtung zu erhalten. „Schaue der aufgehenden Morgensonne in das leuchtende Gesicht und bitte Gazardiel um diese spirituellen Gaben und Eigenschaften."
In einer anderen Beschreibung ist er der Chefengel, der über den Osten wacht. Er „küsst die Gebete der Gläubigen und überbringt sie dem übernatürlichen Firmament", heißt es im Sohar. Er überwacht und lenkt den Sonnenauf- und -untergang.

Gebetsengel Die sieben Engel, die die Gebete der Heiligen zu unserem Schöpfer bringen: Akatriel, Gabriel, Metatron, Raphael, Sandalphon, Sizouse und Michael.

Gedael — Im Buch Henoch wird Gedael als ein Lenker der Gestirne erwähnt.

Gedariah — Der leitende Engel des dritten Himmels.
Gedariah ist dreimal am Tag aktiv: Er verneigt sich vor den Gebeten, die vom zweiten Himmel aufsteigen, krönt diese und leitet sie weiter bei ihrem Aufstieg in die Himmel.

Gedayal — Im Buch Henoch wird Gedayal als mächtiges Engelwesen und als ein Lenker der Gestirne erwähnt.

Gediel — Ein Engel der Lüfte

Geler — Ein Engel der Sonnensphäre
Er überwacht die Auswirkungen des magnetischen Fluids auf allen Planeten im gesamten Universum.

Gena — Ein Engel der Sonnensphäre
Er bewacht und leitet die Normung der Strahlung auf allen Planeten im gesamten Universum.

Geriola — Ein Engel der Erdgürtelzone
Engel der Wahrheit, Harmonie und Tugend
Er unterweist den Eingeweihten in der Introspektion und lehrt ihn, welche Fähigkeiten er dadurch aktivieren kann. Die aus der Introspektion seiner selbst und anderer entstandenen Erkenntnisse verhelfen den Eingeweihten zu einer großen Intuition und zu dem richtigen Erkennen des Akasha-Prinzipes.

Gesegos — Ein Engel der Erdgürtelzone
Er unterweist den interessierten Eingeweihten in die Geheimnisse des Holzes und deren Verarbeitung.

Gethel — Ein Engel, der über alle verborgene Dinge wacht.

Gezero — Ein Engel der Erdgürtelzone
Er lenkt des Menschen Gewissen. Gezero lehrt den Eingeweihten, auf seine innere Stimme zu hören, die eine Gewissensäußerung als Ausdruck des Akasha-Prinzips ist.

Giadaiya / auch als Gedael, Gedayal beschrieben	Im Buch Henoch wird Giadaiya als ein Lenker der Gestirne erwähnt.
Giel	Dieser Engel fördert die Beweglichkeit von Körper, Geist und Seele.
Giria	Ein Engel der Erdgürtelzone Er unterweist den fortgeschrittenen Eingeweihten in allen Angelegenheiten des Handels und des Geldwesens.
Girmil	Ein Engel der Erdgürtelzone Er ist der Hüter und Beschützer der Liebe, Schönheit und Harmonie. Girmil lehrt den Eingeweihten, die Liebe in allem, was ist und geschieht, zu erblicken.
Glauron / auch als Glaura beschrieben	Ein Engel der Luft
Gmial	Einer der 64 Wächter der sieben Himmelshallen
Golema	Ein Engel der Erdgürtelzone Er unterweist den Eingeweihten darin, die schwierigsten Themen leicht verständlich, mit Hilfe der Inspiration und Intuition, so darzubringen, dass jegliches Missverständnis ausgeschlossen ist. Ebenso verhilft Golema den Eingeweihten zu einer guten Auffassungsgabe.
Golemi	Ein Engel der Erdgürtelzone Er lehrt den Eingeweihten, jedes ihm erscheinende Wesen schon nach seinem Äußeren (durch Farbe, Ton, Form etc.) richtig zu identifizieren und zu beurteilen.
Golog (15° Widder)	Ein Engel der Erdgürtelzone Er unterweist den Eingeweihten durch Intuition und Inspiration in die Synthese der Philosophie.

Golog (11° Schütze)	Ein Engel der Erdgürtelzone Er unterweist den fortgeschrittenen Eingeweihten in geheimen Methoden der Evokation.
Golopa	Ein Engel der Erdgürtelzone Er unterweist den Eingeweihten in dem Gesetz von Ursache und Wirkung und lehrt ihn die Beherrschung seiner Gedankenkraft.
Gomognu	Ein Engel der Erdgürtelzone Er ist der Urheber aller Sprachen, die sich durch Gesten, Handbewegungen usw. verständigen, z.B. durch das Befühlen von geprägten Buchstaben/Drucktypen bei Blinden.
Granona	Ein Engel der Erdgürtelzone Er unterweist den Eingeweihten in die verschiedenen Techniken, mit deren Hilfe er mit höherstehenden geistigen Wesenheiten anderer Ebenen in Verbindung treten kann.
Gratiel	Engel der Märtyrer
Graveel	Ein Engel des Friedens und des Gleichgewichts
Griemel	Er hilft all jenen, die ihre grüblerischen Gedanken beruhigen möchten.
Gubarel	Engel des Herbstes
Gurid	Der Engel der sommerlichen Tag- und Nachtgleiche Sein Name ist sehr wirksam, wenn er, in ein Amulett geschrieben, gegen den „bösen Blick" getragen wird.
Guriel	Engelfürst des göttlichen Lichtes und der Wahrheit

Haaiah / auch als Haajoh, Haajah beschrieben	Er ist der 26. Engel der 72 Engel Gottes. „Er ist der geheime Himmel." Einer anderen Beschreibung zufolge ist er einer der 72 Engel der Merkur-Zone. Er ist der Engelbeschützer der Gerechtigkeit. Haaiah unterstützt die ihm anvertrauten Eingeweihten in allen Belangen der Gerechtigkeit, so verhilft er ihnen auch bei Gericht, ihr Recht zu bekommen. Er wird auch als der Engel der Diplomatie beschrieben. In einer weiteren Beschreibung ist ihm der Psalm 119, Vers 145 zugeordnet: „Erhöre mich, Herr, ich rufe von ganzem Herzen; deine Gesetze will ich halten."
Hajoth / auch als Hayyoth, Chajoth beschrieben	Vibrierende Geistwesen, die aus reiner Energie bestehen und mit jedem Flügelschlag „Gott" lobpreisen.
Haamiah / auch als Haamjah, Chaamiah beschrieben	Er ist der 38. Engel der 72 Engel Gottes. „Er ist das Licht der Hoffnung an allen Enden der Welt." Einer anderen Beschreibung zufolge ist er einer der 72 Engel der Merkur-Zone. Er offenbart den Eingeweihten die tiefsten Weisheiten und führt sie dadurch zur Glückseligkeit. In einer weiteren Beschreibung ist ihm Psalm 91, Vers 9 zugeordnet: „Denn der Herr ist deine Zuflucht, du hast dir den Höchsten als Schutz erwählt." Haamiah wird weiterhin als der Engel beschrieben, der den Wahrheitssuchern auf ihren Wegen hilft und sie zu den Orten, Menschen und Gegebenheiten führt, die ihnen zu großem Wachstum verhelfen.

Habbiel / auch als Habiel beschrieben	Er gehört zu den Engeln des ersten Himmels. Er ist der Engel der Liebesverbindung. Um eine tiefe Bindung zu einem Menschen einzugehen, braucht man viel Liebe, Vertrauen und Mut. Habiel unterstützt uns dabei, diese Gefühle zu erlangen und zu festigen.
Habuiah / auch als Habujah, Chaboojah beschrieben	Er ist der 68. Engel der 72 Engel Gottes. „Er verkörpert die Freigiebigkeit." Einer anderen Beschreibung zufolge ist er einer der 72 Engel der Merkur-Zone. Er unterweist den Eingeweihten in der okkulten Anatomie und der hermetischen Medizin. Habuiah lehrt ihn, die schwierigsten Krankheiten zu heilen und weiht ihn in die Magie der Liebe ein, die Feinde zu Freunden macht und lehrt, wie man die Liebe zwischen zwei Menschen erwecken und steigern kann. In einer weiteren Beschreibung ist ihm Psalm 106, Vers 1 zugeordnet: „Danket dem Herrn; denn Er ist gütig, und seine Huld währet ewig."
Hachamel	Ein Engel der Erdgürtelzone Er unterweist den Eingeweihten in der Astronomie und der Orientierung.
Hadcu	Ein Engel der Erdgürtelzone Er unterweist den fortgeschrittenen Eingeweihten in die mentale und astrale Magie.
Hadraniel	Ein Engel der Liebe. Er schützt die zarten Blüten einer jungen Liebesbeziehung, verbindet die Menschen mit der Liebe von „Jesus Christus" und lehrt uns, unsere Mitmenschen bedingungslos zu lieben.

Hafaza-Engel Schutzengel: Sie beschützen vor einem Unglück und Unfall oder vor einem größeren Schaden. Einer anderen Beschreibung zufolge sind die Hafaza-Engel Schutzengel, die die Seelen guter Muslime nach dem Tod vor Satan und seinem Gefolge schützen.
Nach einer weiteren Beschreibung gibt es vier Hafaza-Engel. Sie sollen die Menschen vor Fallen, anderen Menschen und vor dem Satan schützen. Diese Engel schreiben die Taten aller Sterblichen in ein dickes Buch ein.

Hagomi Ein Engel der Erdgürtelzone
Er unterweist den Eingeweihten in den verschiedenen Methoden des geistigen Wanderns in anderen Sphären.

Hagos Ein Engel der Erdgürtelzone
Engel der Polarisationsmagie
Er unterweist den fortgeschrittenen Eingeweihten in der Kunst, mittels Polarisationsmagie und elektrischem Fluid innerhalb kürzester Zeit aus einem Samen ein Baum wachsen zu lassen.

Hagus Ein Engel der Erdgürtelzone
Er unterweist den fortgeschrittenen Eingeweihten in den Methoden, wie er mit Hilfe der Ausstrahlung den Reifegrad eines jeden Menschen zu erkennen vermag.

Hahadu Ein Engel der Erdgürtelzone
Engel der Wassermagie

Hahahel / auch als Hehihel beschrieben	Er ist der 41. Engel der 72 Engel Gottes. „Er ist dreieinig/dreifaltig." Einer anderen Beschreibung zufolge ist er einer der 72 Engel der Merkur-Zone. Hahahel unterweist den Eingeweihten in der Kriegskunst und unterstützt ihn dabei, die Pläne und Vorhaben des Feindes zu entdecken. In einer weiteren Beschreibung ist ihm Psalm 120, Vers 2 zugeordnet: „Herr, rette mein Leben vor Lügnern, rette es vor falschen Zungen!"
Hahaiah / auch als Hihaahah, Hahajah beschreiben	Er ist der 12. Engel der 72 Engel Gottes. „Ist der Hort und die Zuflucht" Einer anderen Beschreibung zufolge ist er einer der 72 Engel der Merkur-Zone. *Hahaiah* unterweist den Eingeweihten in der Sprache der Symbole. In einer weiteren Beschreibung ist ihm Psalm 10, Vers 1 zugeordnet: „Herr, warum bleibst Du so fern, verbirgst Dich in Zeiten der Not?"
Hahajel / auch als Haiaiel, Haiel beschreiben	Er ist der 71. Engel der 72 Engel Gottes. „Er ist das Ende des Kosmos." Einer anderen Beschreibung zufolge ist er einer der 72 Engel der Merkur-Zone. Haiel unterweist den Eingeweihten in allen Methoden, um stets in jeder Situation, auch in der bedrückendsten, als Herr der Lage hervorzugehen. In einer weiteren Beschreibung ist ihm Psalm 109, Vers 30 zugeordnet: „Ich will den Herrn preisen mit lauter Stimme, in der Menge Ihn loben."
Hahasiah / auch als Hechashajah, Hahasjah beschrieben	Er ist der 51. Engel der 72 Engel Gottes. „Er ist undurchdringlich und voller Geheimnisse." Einer anderen Beschreibung zufolge ist er einer der 72 Engel der Merkur-Zone. Hahasiah weiht den fortgeschrittenen Eingeweihten in die tiefsten Mysterien der Weisheit ein und unterweist ihn in den Methoden, seinen Geist in die verschiedenen geistigen Ebenen und Sphären zu erheben, um dort zu handeln.

Hahasiah / auch als Hechashajah, Hahasjah beschrieben	In einer weiteren Beschreibung ist ihm Psalm 104, Vers 31 zugeordnet: „Ewig währe die Herrlichkeit des Herrn; der Herr freue sich Seiner Werke.“
Hahuiah / auch als Haiujah beschrieben	Er ist der 24. Engel der 72 Engel Gottes. (In anderen Texten wird Jelahiah einmal als der 24., dann wiederum als der 44. Engel der 72 Engel Gottes beschrieben) (Ebenso konnte ich Texte finden, in denen Chahaviah als der 24., dann wiederum als der 31. Engel der 72 Engel Gottes beschrieben wurde.) Einer anderen Beschreibung zufolge ist er einer der 72 Engel der Merkur-Zone. Hahuiah lehrt den Eingeweihten diverse Bannformeln zur Beherrschung der gefährlichsten Tiere. Mit Hilfe dieses Engels und verschiedener Formeln kann der fortgeschrittene Eingeweihte einen Täter zum Eingeständnis jeglicher Schandtaten bewegen. In einer weiteren Beschreibung ist ihm Psalm 33, Vers 18 zugeordnet: „Doch das Auge des Herrn ruht auf allen, die ihn fürchten und ehren, die nach Seiner Güte ausschauen; denn er will sie dem Tod entreißen und in der Hungersnot ihr Leben erhalten.“
Haiamon	Ein Engel der Erdgürtelzone Er unterweist den Eingeweihten in die Mysterien des Tantra.
Haja	Ein Engel der Erdgürtelzone Er unterweist den Eingeweihten in die Magie der Kräfte, in die Gesetze der Verdichtung.
Hajim	Engel des Herzens
Hakamiah/ auch als Hoqmiah, Hakamjah beschrieben	Er ist der 16. Engel der 72 Engel Gottes. „Er ist das Beten und das innere Aufrichten bei Tag und Nacht.“

Hakamiah/ auch als Hoqmiah, Hakamjah beschrieben	Einer anderen Beschreibung zufolge ist er einer der 72 Engel der Merkur-Zone. Er verhilft den Eingeweihten durch okkulte Mittel zu Ehre, Ruhm und Reichtum. Hakamiah weiht in die Geheimnisse der Fruchtbarkeit ein. In einer weiteren Beschreibung ist ihm Psalm 88, Vers 2 zugeordnet: „Herr, Du Gott meines Heils, zu Dir schreie ich am Tag und bei Nacht."
Hakem	Ein Engel, der die vierte Himmelshalle bewacht.
Halacho	Ein Engel des Mitgefühls
Haludiel	Ein Engel der Sonnen und des vierten Himmels, der am Jüngsten Tag gerufen wird, wobei der Bittende nach Süden schauen muss.
Hamied	Er ist der herrliche Engel der Wunder. Hamied ist von einer solchen strahlend weißen Schönheit, dass man lediglich seine unglaublichen Augen durch das strahlende Weiß erkennen kann. Wenn Du um ein Wunder betest, so rufe seinen Namen und erkläre in Deinen Worten, in welchem Bereich Deines Lebens Du ein Wunder benötigst, dann umarme dich, öffne dein Herz, um sein Geschenk der intensiven reinen Liebe zu empfangen.
Hanael	Er bringt die Gebete der Menschen sofort zu Gott. Hanael ist ein Engel des Lichtes. Er bringt Licht in die Dunkelheit und hilft den Menschen, sich in der dunklen Jahreszeit zu schützen.
Haniel	„Wer Gott sieht", „Herrlichkeit Gottes" Haniel hilft, die verlorenen Geheimnisse natürlicher Heilmittel wiederzuentdecken, besonders dann, wenn es darum geht, die Mondenergie in Mixturen, Pulvern und Kristallen nutzbar zu machen. Er unterstützt die Menschen darin, mehr Schönheit, Harmonie und die Gesellschaft wunderbarer Freunde in ihr Leben zu bringen.

Haniel

Dieser Engel unterweist die Bittenden darin, vor oder während eines wichtigen Ereignisses gelassen und zentriert zu bleiben, z.B. bei einem Vortrag, einem Auftritt, einem Vorstellungsgespräch etc. Den fortgeschrittenen Eingeweihten unterweist er in der Kunst des Hellsehens.
Einer anderen Beschreibung zufolge herrscht Haniel über den Planeten Venus und bewacht das himmlische Reich der Urkraft.
In der Talismanmagie findet man ihn oft auf Liebesamuletten.

Hanok

Ein Engel der Führung

Harahel / auch als Herochiel beschrieben

Er ist der 59. Engel der 72 Engel Gottes.
„Er durchdringt alles Stoffliche."
Einer anderen Beschreibung zufolge ist er einer der 72 Engel der Merkur-Zone. Er unterweist den Eingeweihten in der Astromagie und lehrt ihn, magische Kräfte auf Edelsteine zu übertragen. Harahel ist der Lehrer all jener, die sich mit Fruchtbarkeit, Schwangerschaft und Geburt beschäftigen.
Dem Börsenkundigen verhilft er zu Erfolg.
In einer weiteren Beschreibung ist ihm Psalm 113, Vers 3 zugeordnet: „Vom Aufgang der Sonne bis zu ihrem Untergang sei der Name des Herrn gelobt."

Hariel / auch als Harajel beschrieben

Er ist der 15. Engel der 72 Engel Gottes.
„Er ist die Hilfe"
Einer anderen Beschreibung zufolge ist er einer der 72 Engel der Merkur-Zone. Er unterweist den fortgeschrittenen Eingeweihten in den Methoden der Evokation und lehrt ihn, mit welchen Schutzmitteln er sich vor negativen Wesenheiten schützen kann. Als Engel des Friedens führt er jene Umstände herbei, die den Frieden bringen.
In einer weiteren Beschreibung ist ihm Psalm 94, Vers 22 zugeordnet: „Doch meine Burg ist der Herr, mein Gott ist der Fels meiner Zuflucht."

Harkinon Ein Engel der Erdgürtelzone
Er hilft überall dort, wo die göttliche Vorsehung es gestattet. Harikon schützt all jene, die verlassen und im Stich gelassen wurden, die Waisenkinder, die Verstoßenen und Verachteten.

Harviel Ein Engel, der die zweite Himmelshalle bewacht.

Haseha 3. Thronengel

Hasmed Engel der Vernichtung

Hasperim Ein Engel der Erdgürtelzone
Hasperim stattet den Eingeweihten mit den Kräften aus, die ihm dabei behilflich sind, ein angestrebtes Ziel zu erreichen. Dem fortgeschrittenen Eingeweihten offenbart er viele Geheimnisse, den menschlichen Geist betreffend.

Hatuny Ein Engel der Erdgürtelzone
Hatuny verfügt über streng geheime Praktiken der kabbalistischen Magie, die er nur besonders qualifizierten Eingeweihten anvertraut.

Haven Engel der Würde

Hayyel Zusammen mit Thuriel, Mtniel und Jehiel schützt Hayyel alle wilden Tiere. Die Menschen können diese Engel im Gebet darin unterstützen, indem sie zu ihnen beten, mit der Bitte, die Tiere vor dem Aussterben zu bewahren und die Menschen dazu anzuhalten, auf die ganze Natur aufzupassen und sie zu beschützen.

He'el Er wird im Buch Henoch als ein Lenker der Gestirne erwähnt.

Heiglot Engel des Schnees und der Schneestürme

Helali Ein Engel der Erdgürtelzone
Er unterweist den Eingeweihten in der Sympathie-Magie.
Einer anderen Beschreibung zufolge ist er der Lenker der zwei großen Kräfte (männlich/weiblich) und deren Auswirkungen auf Mensch und Natur.

Helayaseph	Er wird im Buch Henoch als ein Lenker der Gestirne erwähnt.
Helemmelek	„Mein Gott ist König! Er regiert die heiße Jahreszeit. Helemmelek ist einer der vier Engel der Jahreszeiten.
Helmis	Ein Engel der Erdgürtelzone Er kennt sich in allen Belangen rund um das Thema „Milch" aus und unterweist den Eingeweihten in der Verwendung der Milch als Nahrungsmittel und als Medizin. Helmis schützt alle Mütter, die ihre Kinder stillen, Ammen und auch die Säugetiere.
Heluyasaf / auch als Helujasaf, Hilujaseph, Helayaseph beschrieben	Er ist ein Überwacher der Jahreszeiten und wird im Buch Henoch als ein Lenker der Gestirne erwähnt.
Henael	Er hilft, verlorene Dinge wiederzufinden.
Herich	Ein Engel der Erdgürtelzone Er unterweist den Eingeweihten in die Entstehung von Disharmonien und darin, wie Harmonie wiederhergestellt werden kann.
Hestiel	Engel der Versöhnung und der Vergebung
Hethetiel	Ein Engel der Lüfte Er kann bei Flugangst um Hilfe gerufen werden.
Hillaro	Ein Engel der Erdgürtelzone Engel der Gerechtigkeit Hillaro unterstützt den Eingeweihten in allen Belangen der Gerechtigkeit.
Hipogo	Ein Engel der Erdgürtelzone Er unterweist den Eingeweihten in allen Methoden und allen Mitteln der Fortbewegung im, auf und unter Wasser.
Hipolopos	Ein Engel der Erdgürtelzone Er inspiriert die Menschen in all ihren Spielen.

Hizkiel — Einer der zahlreichen Wächter am Tor des Nordwindes

Hlm Hlm — Engel des Sonnenaufgangs und der Morgendämmerung

Hngel — Engel der sommerlichen Tag- und Nachtgleiche. Sein Name, auf ein Amulett geschrieben, ist wirksam gegen den *bösen Blick*.

Hodniel — Er soll die Macht haben, die Dummheit eines Menschen zu heilen.

Horaios — Laut Origenes einer der „Herrlichen Sieben"

Horasul — Ein Engel der Erdgürtelzone
Er unterweist den Eingeweihten in den Techniken der künstlichen Wasserregulation.

Horog — Ein Engel der Erdgürtelzone
Er unterstützt den Eingeweihten auf seinem Weg der Selbsterkenntnis und der Wahrheitssuche. Horog hilft ihm, die schwierigsten und dunkelsten Probleme zu lösen.

Horomor — Ein Engel der Erdgürtelzone
Als Überträger der magischen Erleuchtung unterweist Horomor den fortgeschrittenen Eingeweihten in alle Einweihungsmysterien.

Hosun — Ein Engel der Erdgürtelzone
Er ist der Initiator aller Schulen und Erziehungsmethoden. Hosun hilft den Eingeweihten und deren Anvertrauten dabei, alle Prüfungen gut zu bestehen.

Hyla — Ein Engel der Erdgürtelzone
Er ist den Eingeweihten mittels Intuition und Inspiration dabei behilflich, einen klaren Verstand, gute Urteilskraft und Schlagfertigkeit zu erreichen. (Wichtig bei Forschungsaufgaben, Prüfungen etc.)

Hyris Ein Engel der Erdgürtelzone
Engel der Wassermagie

Hyrmiua Ein Engel der Erdgürtelzone
Er überwacht die Reife und die Entwicklung des menschlichen Bewusstseins.

Iahhel Engel der Meditation und Kontemplation
Wer Schwierigkeiten hat zu meditieren, der kann Iahhel um Hilfe bitten.

Iahmel Ein Engel der Luft

Iaoth Er ist der sechste Engel der „Herrlichen Sieben".

Iax Wird dieser Engel gerufen, kann er Magenbeschwerden, die aus Neid entstehen, heilen, indem er hilft, den Neid zu überwinden.

Ichdison Ein Engel der Erdgürtelzone
Er unterweist den Eingeweihten in allen Methoden der Wunscherfüllung.

Iciriel Einer der 28 Engel, die die 28 Mondkammern regieren.

Idrael Ein Engelwächter der 5. Himmelshalle

Ieiazel / auch als Jeizael beschrieben Er ist der 40. Engel der 72 Engel Gottes.
(In anderen Texten wird Lekabel als 40. Engel der 72 Engel Gottes beschrieben.)
Einer anderen Beschreibung zufolge ist er einer der 72 Engel der Merkur-Zone. Er unterweist den fortgeschrittenen Eingeweihten in den Methoden, Menschen aus dem Gefängnis zu befreien oder sich selbst und andere Menschen von Feinden zu erlösen. Ieiazel lehrt seine Schüler, Gegenstände zu entmaterialisieren und wieder zu materialisieren. In einer weiteren Beschreibung ist ihm Psalm 88, Vers 15 zugeordnet: „Warum, oh Herr, verwirfst Du mich, warum verbirgst Du Dein Gesicht vor mir?"

Ielahaiah / auch als Jelahjah, Jelahiah beschrieben	Er ist der 44. Engel der 72 Engel Gottes. *(In anderen Texten wird Mebahel als 44. Engel der 72 Engel Gottes beschrieben.)* Einer anderen Beschreibung zufolge ist er einer der 72 Engel der Merkur-Zone. Er unterweist den fortgeschrittenen Eingeweihten in den Methoden, Blinde sehend, Taube hörend und Stumme sprechend zu machen. In einer weiteren Beschreibung ist ihm Psalm 119, Vers 108 zugeordnet: „Herr, nimm mein Lobopfer gnädig an und lehre mich Deine Entscheide!“
Ietuqiel	Geburtsengel Dieser Engel schenkt eine leichte Geburt für Mutter und Kind.
Igigi	Ein Engel der Erdgürtelzone Engel der Kraft und Energie Er unterweist den Eingeweihten in die Kunst, magische Formeln zu dynamisieren, damit diese besonders kraftvoll wirken.
Ikon	Ein Engel der Erdgürtelzone Er lehrt den Eingeweihten die Wichtigkeit der Introspektion zur Erreichung des energetischen Gleichgewichts.
Imamiah / auch als Imamjah, Aamamiah beschrieben	Er ist der 52. Engel der 72 Engel Gottes. „Engel, der in der Dunkelheit verborgen ist“ Einer anderen Beschreibung zufolge ist er einer der 72 Engel der Merkur-Zone. *Imamiah* kann die ihm anvertrauten Eingeweihten in jeder Wissenschaft der Erde unterweisen. Er ist der Urheber der Astrologie und lehrt seinen Schülern die Urkraft der Gestirne. In einer weiteren Beschreibung ist ihm der Psalm 7, Vers 18 zugeordnet: „Ich will dem Herrn danken, denn Er ist gerecht, dem Namen des Herrn, des Höchsten, will ich singen und spielen.“
In Hii	Ein Engel des Polarsterns

Ioelet Diesen Engel kann der fortgeschrittene Eingeweihte rufen, um Dämonen zu vertreiben.

Ionel Engel für Gesundheit, Heilung und die Schmerzlinderung

Irin Engelprinzen der höchsten Stufe und himmlischen Reiche
Einer anderen Beschreibung zufolge sind sie Zwillingsengel aus dem sechsten Himmel. Die Irinen bilden zusammen mit ihren Zwillingen, den Qaddisinen, den höchsten richterlichen Rat des himmlischen Gerichts.

Iris Engel des Regenbogens und Trösterin in der Not

Irmano Ein Engel der Erdgürtelzone
Engel des Wassers und all seiner Lebewesen
Er unterweist den Eingeweihten in dem Umgang mit allen Wasserlebewesen sowie mit allem, was mit Wasser zu tun hat.

Iserag Ein Engel der Erdgürtelzone
Iserag verhilft den ihm anvertrauten Eingeweihten zu Glück und Erfolg auf allen Ebenen. Er unterweist seine Schüler in allen Methoden, die ihnen zum Glück und zur Zufriedenheit verhelfen.

Isiaiel Engel der Obstbäume
Engel der Früchte

Isnirki Ein Engel der Erdgürtelzone
Er unterweist den Eingeweihten in der Kommunikation mit den Tieren.

Israfil Israfil ist einer der großen Engel im Islam. Er hat die Aufgabe, den Tag der Auferstehung bzw. den Tag des Gerichtes einzuläuten. Die symbolische Vorstellung dabei ist, dass er in ein Horn bläst und die Stimme der Wahrheit hinausposaunt. Im Heiligen Qur´an erfolgt diese Schilderung u.a. in den Versen 69:13 und 36:51, wobei Israfil selbst nicht namentlich erwähnt wird.

Istaroth	Ein Engel der Erdgürtelzone Engel der Treue
Isum	Ein Engel der Heilung Er schenkt den Kranken in der schlimmen Nachtzeit Schutz und Licht.
Istrael / auch als Israel beschrieben	„Streiter Gottes“ In der jüdischen Überlieferung ist dies der Name Jakobs, der nach seinem Tode zum Engel wurde. Einer anderen Beschreibung zufolge wird er in einigen Handschriften des Buches Henoch an Stelle von Asaryalyur genannt. Unter dem Namen Israel gilt er dem kabbalistischen Buch des Engels Raziel als einer der Engel, die um Gottes Thron stehen. In anderen jüdischen Überlieferungen ist es der himmlische Name des Patriarchen Jakob, der vor und nach seinem irdischen Leben eigentlich ein Engel war.
Ithuriel	„Entdeckung Gottes“ Es wird berichtet, dass Gabriel ihn ausgesandt hatte, um Luzifer zu suchen, der sich verwandelt und in anderer Gestalt ins Paradies geschlichen hatte. Ithuriel berührte Luzifer mit seinem Speer, und Luzifer musste seine wahre Gestalt wieder annehmen.
Itkal	Engel der Harmonie Er unterstützt all jene, die harmonische Beziehungen zwischen den Menschen schaffen möchten.
Itqal	Engel der Zuneigung Er schlichtet jede Streitigkeit zwischen den Menschen.
Iyasusael / auch als Ijasusael beschrieben	„Gott ist Retter“ Er wird im Buch Henoch als ein Lenker der Gestirne erwähnt.

Izra'il / auch als Asraël, Azraël, Azra'il beschrieben

Eine besondere Bedeutung im Islam hat der Engel des Todes Azrael (Izra'il), der den Menschen zur Todesstunde aufsucht, um ihn aus dem Leben abzuberufen. Der Koran und die anerkannten Überlieferungen benennen den Todesengel jedoch nicht mit Namen. Dies ist nur im Volksglauben verwurzelt. Der Engel Azrael (Izra'il) soll demzufolge die Namen der Neugeborenen aufschreiben und die der Verstorbenen wieder durchstreichen. Eine andere Beschreibung ordnet ihm Sure 32,11 zu: „Sprich: Abberufen wird euch der Engel des Todes, der mit euch betraut ist. Dann werdet ihr zum Herrn zurückgebracht." Dieser Todesengel, nach der Tradition mit Namen Izra'il, erscheint zur Stunde des Todes, um die Seele vom Körper zu trennen. Er führt die Seele zu einem Zwischengericht im Himmel.

Einer weiteren Beschreibung zufolge ist er ein islamischer Erzengel, auch Todesengel genannt, der Engel mit den zwei Flammenschwertern. Er wurde von Gott auf die Erde verstoßen und wacht nach dem Tod eines Menschen vierzig Tage über dessen Leichnam.

Jabamiah / auch als Jabamjah, Jabomajah beschreiben

Er ist der 70. Engel der 72 Engel Gottes.
„Er ist das schöpferische Wort."
Einer anderen Beschreibung zufolge ist er einer der 72 Engel der Merkur-Zone. *Jabamiah* führt den Eingeweihten auf dem Weg zur Erleuchtung und zur höchsten Glückseligkeit. Er unterweist seine Schüler in dem Wissen der Sexualmagie und lehrt sie, in der Akasha-Chronik zu lesen und mit dem Akasha-Prinzip zu wirken.
In einer weiteren Beschreibung ist Genesis, Vers 1 zugeordnet:
„Im Anfang schuf Gott Himmel und Erde."

Jabniel
„Jehova lässt bauen."
Einer der drei Engelprinzen des dritten Himmels. Die anderen beiden Prinzen sind Dalquiel und Rabacyal. Alle drei regieren über das Feuer, unter der Herrschaft von Anahel.

Jachil
Ein Engel der Erdgürtelzone
Er unterweist den Eingeweihten in den Mitteln, „Liebe" hervorzurufen und auch wieder abflauen zu lassen.

Jachim
Engel der Stürme

Jael
Ein Engel der Schönheit und Harmonie

Jah-Hel / auch als Jahhel, Jahoel beschrieben
Er ist der 62. Engel der 72 Engel Gottes.
„Jahwe ist Gott."
Einer anderen Beschreibung zufolge ist er einer der 72 Engel der Merkur-Zone. *Jah-Hel* lehrt die ihm anvertrauten Schüler, die Göttlichen Tugenden in sich zu verwirklichen und aus allen heiligen Texten tiefe Weisheit zu schöpfen.
In einer weiteren Beschreibung ist ihm Psalm 119, Vers 159 zugeordnet: „Sie an, wie sehr ich Deine Vorschriften liebe; Herr, in Deiner Huld belebe mich!"

Jahuel
Engelfürst des Karma

Jajaregi
Ein Engel der Erdgürtelzone
Er inspiriert alle okkulten Schriftsteller, das geheime Wissen in Romanform wiederzugeben. Jajaregi hilft den Lesern dieser okkulten Romane dabei, dieses versteckte Wissen zu erkennen und zu verstehen.

Jamaerah
Engel der Wünsche und der Manifestation

Jamaih
Ein Engel der Erdgürtelzone
Er unterweist den Eingeweihten in allen Religionen, die es bisher gibt und gegeben hat, aus der esoterischen und der exoterischen Sicht.

Janiel
Ein Engel des Ostwindes

Jao	Nach Origenes ist Jao einer der „Herrlichen Sieben“.
Japhkiel / auch als Jafkiel beschreiben	Engel der Läuterung
Jariel	Ein Engel von göttlichem Antlitz
Jechavah / auch als Jehuiah, Jehujah beschrieben	Er ist der 33. Engel der 72 Engel Gottes. (s. Jehuiah)
Jehiel	Ein Engel, der die Tiere der Wildnis beschützt.
Jehoschuel	„Der Herr ist heilig“ Engel der Hilfe und Rettung aus größter Not
Jehudiel / auch als Jehadiel beschreiben	„Er lobt Gott“ / „Lobpreiset Gott“ In außerbiblichen Schriften einer der sieben Erzengel
Jehuiah / auch als Jehujah, Jechavah beschrieben	Er ist der 33. Engel der 72 Engel Gottes. „Er ist der Wissende aller Dinge.“ Einer anderen Beschreibung zufolge ist er einer der 72 Engel der Merkur-Zone. Jehuiah lässt seine Schüler in die Vergangenheit, die Gegenwart und die Zukunft aller Dinge schauen. Er unterweist den Eingeweihten in den Wissenschaften und hilft ihm, alle Prüfungen erfolgreich abzulegen. In einer weiteren Beschreibung ist ihm Psalm 33, Vers 11 zugeordnet: „Der Ratschluss des Herrn bleibt ewig bestehen, die Pläne Seines Herzens überdauern die Zeit.“
Jeiaiel / auch als Jejaiel, Jejajiel beschrieben	Er ist der 22. Engel der 72 Engel Gottes. „Er ist der Wissende aller Dinge.“ Einer anderen Beschreibung zufolge ist er einer der 72 Engel der Merkur-Zone. Jeiaiel verhilft den Eingeweihten zu Ansehen, Reichtum und Erfolg in Beruf und auf Reisen. In einer weiteren Beschreibung ist ihm Psalm 121, Vers 5 zugeordnet: „Der Herr ist dein Hüter, der Herr gibt dir Schatten; Er steht dir zur Seite.“

Jeialel / auch als Jejeelel	Er ist der 58. Engel der 72 Engel Gottes. „Er ist der Erhöher des Lichtes." Einer anderen Beschreibung zufolge ist er einer der 72 Engel der Merkur-Zone. Jeialel ist der Urheber der sphärischen Astrologie. Er unterweist seine Schüler in den verschiedenen Kräften und Wirkungen der einzelnen Sphären. In einer weiteren Beschreibung ist ihm Psalm 6, Vers 4 zugeordnet: „Meine Seele ist tief verstört, Du aber, Herr, wie lange säumst Du noch?"
Jeliel / auch als Jelajel beschreiben	Er ist der 2. Engel der 72 Engel Gottes. „Engel der Stärke" Einer anderen Beschreibung zufolge ist er einer der 72 Engel der Merkur-Zone. Jeliel weiht den Eingeweihten u.a. in die Mysterien der Sympathie und Liebe ein. In einer weiteren Beschreibung ist ihm Psalm 22, Vers 20 zugeordnet: „Du aber, Herr, halte Dich nicht fern! Du, meine Stärke, eile mir zur Hilfe!"
Jenuri	Ein Engel der Erdgürtelzone Er unterweist den Eingeweihten in allen Techniken des Schutzes, sei es durch Worte, durch Schutz-Amulette, magische Blitzableiter etc.
Jerathel / auch als Jirithiel beschrieben	Er ist der 27. Engel der 72 Engel Gottes. „Engel Gottes. Er ist der Erlöser und die Erlösung." Einer anderen Beschreibung zufolge ist er einer der 72 Engel der Merkur-Zone. Jerathel verhilft seinen Schülern zu einem außerordentlichen Sprachtalent, außerdem offenbart er ihnen diverse Bann- und Schutzformeln. Schriftstellern, die sich ihm anvertrauen, verhilft er zur Berühmtheit. In einer weiteren Beschreibung ist ihm Psalm 140, Vers 2 zugeordnet: „Rette mich, Herr, vor bösen Menschen, vor gewalttätigen Leuten schütze mich!"
Jeremia	Engel der Verkündung

Jeremiel / auch Ramiel, Remiel beschrieben	„Gnade Gottes“ / „Wen Gott aufrichtet“ Engel der prophetischen Visionen Jeremiel hilft den Eingeweihten dabei, ihre Hellsichtigkeit zu entwickeln sowie prophetische Visionen und hellsichtige Träume zu verstehen. Er unterstützt seine Schüler bei ihrem Lebensrückblick und um Veränderungen in ihrem Leben zu bewirken. Jeremiel hilft den Seelen soeben verstorbener Menschen bei ihrem Lebensrückblick.
Jezalel / auch als Jezahel beschreiben	Er ist der 13. Engel der 72 Engel Gottes. „Er ist der Jubel und die Freude über alle Dinge.“ Einer anderen Beschreibung zufolge ist er einer der 72 Engel der Merkur-Zone. Jezalel inspiriert alle Schriftsteller und Künstler. Seinen Schülern verhilft er zu durchschlagendem Erfolg. Er unterweist den Eingeweihten in besonderen Methoden, die zu einem klaren Verstand und zu einem besonders guten Gedächtnis führen. In einer weiteren Beschreibung ist ihm Psalm 98, Vers 4 zugeordnet: „Jauchzt vor dem Herrn, alle Länder der Erde, freut euch, jubelt und singt!“
Jgakys	Ein Engel der Erdgürtelzone Er unterstützt den Eingeweihten darin, sein Bewusstsein zu entfalten und zu erweitern.
Jhudiel	Er ist der Überbringer von Gottes barmherziger Liebe.
Jibril	Erzengel Gabriel ist im Islam als Jibril bekannt.
Joel	Er verhilft den Menschen zu einem guten Schlaf.
Jofiel	Engelfürst der Weisheit und der Anbetung
Jonion	Ein Engel der Erdgürtelzone Jonion behütet, schützt und lenkt all jene Seelen, die sich in der geistigen Welt auf eine neue Inkarnation vorbereiten.

Jophaniel	Engel der Reife und des Aufstiegs Jophaniel hütet, lenkt und leitet die menschliche Evolution.
Jrachor	Ein Engel der Erdgürtelzone Engel der Kommunikation Er verhilft den Eingeweihten zu einer wortgewandten und schlagfertigen Redekunst.
Jromoni	Ein Engel der Erdgürtelzone Er verhilft den Eingeweihten, wenn ihr Karma dies zulässt, zu Wohlstand, Reichtum und Erfolg.
Jugula	Ein Engel der Erdgürtelzone Engel der Talismanologie Er unterweist den fortgeschrittenen Eingeweihten in die Kunst, Symbole zu lesen, damit jedes Wesen sein entsprechendes energetisches Symbol, seiner Kraft und seiner Wesens-Essenz entsprechend, zum Ausdruck bringen kann.
Jvar	Ein Engel der Erdgürtelzone Engel der Leidenschaft Er unterweist seine Schüler in den Methoden, Leidenschaft in wohltuende Kanäle zu transformieren.
Kabshiel	Wenn das Karma und die persönliche Reife eines Menschen es zulässt, dann verhilft Kabshiel den Bittenden zu Anmut und Macht.
Kadmiel	„Vor Gott" Ein Engel, der Geburten begleitet, wenn er darum gebeten wird.
Kadushiel	Engelfürst der Vollkommenheit und Verkündung
Kaerlesa	Ein Engel der Erdgürtelzone Er unterweist den Eingeweihten in die Gesetzmäßigkeiten der Natur, im Mineral-, Pflanzen- und Tierreich.
Kaeylarae	Ein Engel des Friedens

Kaflesi
Ein Engel der Erdgürtelzone
Er unterweist den Eingeweihten in die Wirkungen der Analogiegesetze in Bezug auf Körper, Geist und Seele.

Kagaros
Ein Engel der Erdgürtelzone
Er unterweist den Eingeweihten in die wechselseitigen Beziehungen von Mensch und Natur.

Kahetel / auch als Kehetel, Cahetel beschrieben
Er ist der 8. Engel der 72 Engel Gottes.
„Der Bewundernswerte"
Einer anderen Beschreibung zufolge ist er einer der 72 Engel der Merkur-Zone. Kahetel lehrt den Eingeweihten verschiedene Methoden der Wachstumsbeeinflussung in der Pflanzenwelt und unterweist seine Schüler in der Elemente-Magie, mit der sie die verschiedensten Naturphänomene hervorrufen können.
In einer weiteren Beschreibung ist ihm Psalm 95, Vers 6 zugeordnet: „Kommt, lasst uns niederfallen, uns vor Ihm verneigen, lasst uns niederknien vor dem Herrn, unserem Schöpfer."

Kakabel
„Stern Gottes"
Hüter der Sterne

Kaliel / auch als Kelial, Caliel beschrieben
Er ist der 18. Engel der 72 Engel Gottes.
„Er ist es wert, bedacht und angerufen zu werden."
Einer anderen Beschreibung zufolge ist er einer der 72 Engel der Merkur-Zone. Kaliel offenbart den fortgeschrittenen Eingeweihten verschiedene Machtworte und magische Formeln, die ihm im Augenblick höchster Gefahr sofortige Hilfe bescheren und seine Feinde vernichten.
In einer weiteren Beschreibung ist ihm Psalm 7, Vers 9 zugeordnet: „Herr, weil ich gerecht bin, verschaff mir Recht (und tu an mir Gutes,) weil ich schuldlos bin!"

Kalote	Ein Engel der Erdgürtelzone Er unterweist den Eingeweihten in den göttlichen Tugenden und lehrt ihn die Ursache und Wirkung im Mikro- und Makrokosmos in Bezug auf diese Tugenden.
Kama	Ein Engel der Erdgürtelzone Er reguliert die Erdatmosphäre und unterweist seine Schüler in die Geheimnisse der Atmosphäre.
Kamsiel	Engelfürst des göttlichen Lichts und des Gottesfunkens
Kamual	Ein Engel der Erdgürtelzone Er lehrt und schützt alle Menschen, die in irgendeiner Form mit Erz und Kohle arbeiten.
Karasa	Ein Engel der Erdgürtelzone Er unterweist den heilerisch tätigen Eingeweihten in die Diagnostik von Krankheiten und allen Mitteln, die die körperliche und geistige Gesundheit wiederherstellen können.
Karmael	Engel des Schicksals Er unterweist den Eingeweihten in die Auflösung von karmischen Verstrickungen.
Kathachiel	Ein Engel der Meditation Er hilft den Meditierenden, durch die Stille und Einkehr der Meditation wieder zu sich selbst zu finden.
Kathim	Ein Engel der Erdgürtelzone Engel der Früchte Er inspiriert und lehrt die Menschen die verschiedenen Nutzungsmöglichkeiten der Früchte.
Katzachiel	Ein Engel der Ruhe und der Stille
Kedumiel	Engelfürst der Gegenwart Gottes
Ke'el / auch als Keel beschrieben	„Wie Gott" Er wird im Buch Henoch als ein Lenker der Gestirne erwähnt.

Kemiel	Einer der siebzig Engel, die bei der Geburt gerufen werden.
Kemuel	Engel der Zerstörung
Kevakiah / auch als Keveqiah, Chauakjah beschrieben	Er ist der 35. Engel der 72 Engel Gottes. „Er ist Jubel." Einer anderen Beschreibung zufolge ist er einer der 72 Engel der Merkur-Zone. Kevakiah offenbart den Eingeweihten verschiedene Methoden, sich vor gefährlichen Einflüssen zu schützen. Er bringt überall dorthin „Frieden", wo es erwünscht ist. In einer weiteren Beschreibung ist ihm Psalm 116, Vers 1 zugeordnet: „Ich liebe den Herrn; denn Er hat mein lautes Flehen gehört."
Kezef / auch als Kezefel beschreiben	„Zorn" Nach jüdischen Überlieferungen einer der Todesengel
Kfial	Einer der 64 Engelwächter der 7 Himmelshallen
Kibigili	Ein Engel der Erdgürtelzone Er unterweist den fortgeschrittenen Eingeweihten in den verschiedenen Methoden der Evokation innerhalb der feinstofflichen Ebenen.
Kikael	Engel der Schöpfungsgeschichte
Kiliki	Ein Engel der Erdgürtelzone Er offenbart den Eingeweihten die Mysterien von Rhythmus und Vibration in ihren Wirkungen auf das Leben.
Kiliosa	Ein Engel der Erdgürtelzone Er offenbart den fortgeschrittenen Eingeweihten, die sich ihm anvertrauen, sehr machtvolle Worte und Formeln, die ihnen in einem Augenblick größter Gefahr sofortige Rettung bringen.

Kirek Ein Engel der Erdgürtelzone
Er unterweist den Eingeweihten in den Methoden, seinen Körper jung, vollkommen gesund und widerstandfähig gegen jegliche äußere Einflüsse zu halten.

Kirtabus Engel der Sprachen

Klochera Ein Engel der Erdgürtelzone
Den aufrichtigen Wahrheitssuchenden verhilft Klochera zu wahren mystischen Erkenntnissen und okkultem Wissen.

Kmiel In der jüdischen Mystik ist Kmiel ein Engel der sommerlichen Tag- und Nachtgleiche. Sein Name, auf einem Amulett geschrieben, ist wirksam gegen den *bösen Blick*.

Kofan Ein Engel der Erdgürtelzone
Den Eingeweihten, die sich mit ehrlichen Herzen an Kofan wenden, verhilft er dazu, schlechte Lebenssituationen in gute zu verwandeln, wenn das Karma dies zulässt.

Kogid Ein Engel der Erdgürtelzone
Engel der Erkenntnis und der Erleuchtung
Er unterweist den Eingeweihten in den Methoden, die ihn zur wahren Erleuchtung führen.

Kohen Ein Engel der Erdgürtelzone
Engel der technischen Erfindungen
Kohen verhilft den Eingeweihten durch visionäres Schauen, die Entwicklung der Technik zu erkennen.

Kokbiel Ein Engel der Sterne

Kolani Ein Engel der Erdgürtelzone
Er unterweist den Eingeweihten in der Kunst der rituellen Tänze, die besondere Kräfte oder auch spezielle Fähigkeiten in den Menschen erwecken können.

Komutiel Ein Schutzengel der Tiere

Konfitiel Engel der Nahrung

Koreh Ein Engel der Erdgürtelzone
Er unterweist den Eingeweihten darin, seine angeborenen und erlernten okkulten Fähigkeiten auch für die Hilfe anderer Menschen einzusetzen.

Kosem Ein Engel der Erdgürtelzone
Er unterweist den Eingeweihten in die Bedeutung und Wirkung von Licht und Feuer auf Körper, Geist, Gemüt und Seele.

Kosirma Ein Engel der Erdgürtelzone
Er offenbart den fortgeschrittenen Eingeweihten spezielle Heilverfahren und Mittel zur Heilung auch scheinbar unheilbarer Krankheiten.

Kutiel Er unterweist den Eingeweihten in der Arbeit und in dem Umgang mit der Wünschelrute.

Kyriel Einer der 28 Engel, die die 28 Mondkammern regieren.

Labael Engel der Reproduktion, des Fortschritts und der Entwicklung

Labezerin Ein Engel des Erfolgs

Labusi Ein Engel der Allmacht

Lagiros Ein Engel der Erdgürtelzone
Er verhilft seinen Schülern dazu, die Gunst hoher Persönlichkeiten zu erhalten und vermittelt ihnen somit günstige Situationen.

Lahabiel Schützt vor dem Bösen.
Sein Name steht oft auf Schutzamuletten, um vor allem Bösen in jeglicher Form geschützt zu sein. Wichtig für all jene, die mit Magie und Fremdenergien arbeiten.

Lahatiel „Der Flammende", „Der Brennende"
Er herrscht und wacht an den Toren des Todes.

Laila Ein Engel, der Mutter und Kind während der Geburt schützt.

Lailah	Engel der Empfängnis All diejenigen, die einen noch unerfüllten Kinderwunsch haben, können Lailah um Hilfe bitten.
Lajela	Lajela geleitet die Kinderseele in ihren neuen Körper, in den Leib seiner irdischen Mutter.
Lamachael	Ein Engel, der in Notsituationen angerufen werden kann. Er schenkt sofortige Kraft und Stärke.
Lamiel	Engelfürst des göttlichen Segens
Lanoiah / auch als Laviaah, Loujah beschrieben	Er ist der 17. Engel der 72 Engel Gottes. „Engel des Wunderbaren" Einer anderen Beschreibung zufolge ist er einer der 72 Engel der Merkur-Zone. Er ist ein Lehrer der Metaphysik. Lanoiah lehrt den Eingeweihten, die Vergangenheit, Gegenwart und Zukunft auf allen feinstofflichen Ebenen zu erschauen, um ihm so zu neuen technischen Entdeckungen zu verhelfen. In einer weiteren Beschreibung ist ihm Psalm 8, Vers 2 zugeordnet: „Herr, unser Herrscher, wie gewaltig ist Dein Name auf der ganzen Erde; über den Himmel breitest Du Deine Hoheit aus."
Lariel	Er schenkt Beständigkeit.
Larzod	Einer der "glorrcichen und wohlwollenden Engel", die in Beschwörungsritualen angerufen werden, um den Bittenden etwas von der Weisheit des Schöpfers zu schenken.
Lauviah / auch als Laviah, Laujah beschrieben	Er ist der 11. Engel der 72 Engel Gottes. „Soll erhöht werden" Einer anderen Beschreibung zufolge ist er einer der 72 Engel der Merkur-Zone. Lauviah offenbart den fortgeschrittenen Eingeweihten verschiedene Bannformeln und hilft ihm dabei, selbst die schwierigsten Probleme mit Leichtigkeit zu lösen. In einer weiteren Beschreibung ist ihm Psalm 18, Vers 47 zugeordnet: „Es lebt der Herr! Mein Fels sei gepriesen. Der Gott meines Heils sei hoch erhoben."

Lavemezhu Einer der 28 Engel, die die 28 Mondkammern regieren.

Lebes Ein Engel des höchsten Grades
Lebes erscheint mit einem Banner, auf dem ein rotes Kreuz ist.

Lecabel / auch als Lekabel beschrieben Er ist der 31. Engel der 72 Engel Gottes.
„Anweiser und Lehrer"
(In anderen Texten wird Lekabel als 40. Engel der 72 Engel Gottes beschrieben.)
(Ebenso konnte ich Texte finden, in denen Chahaviah als der 31., dann wiederum als der 24. Engel der 72 Engel Gottes beschrieben wurde.)
Einer anderen Beschreibung zufolge ist er einer der 72 Engel der Merkur-Zone. Lekabel unterweist den Eingeweihten in der Kunst der Liebesmagie und der Talismanologie. Er lehrt seine Schützlinge, mit Hilfe des Akasha-Prinzips die verschiedensten übernatürlichen Fähigkeiten, wie z.B. das Hellsehen, zu erwecken.
In einer weiteren Beschreibung ist ihm Psalm 71, Vers 16 zugeordnet: „Ich will kommen in den Tempel Gottes, des Herrn, Deine großen und gerechten Taten allein will ich rühmen."

Lehachiah / auch als Lehahiah, Lehahjah beschrieben Er ist der 34. Engel der 72 Engel Gottes.
„Engel der Gnade und Mildtätigkeit"
Einer anderen Beschreibung zufolge ist er einer der 72 Engel der Merkur-Zone. Lehahiah verhilft den Eingeweihten dabei, große Taten zu vollbringen.
In einer weiteren Beschreibung ist ihm Psalm 131, Vers 3 zugeordnet: „Israel, harre auf den Herrn, von nun an bis in Ewigkeit!"

Lehtiel Engelfürst des Schutzes

Leilael Er schenkt den Bittenden die Energie der Sanftheit und der Beruhigung.

Lelahel / auch als Jelahel beschrieben	Er ist der 6. Engel der 72 Engel Gottes. „Er ist der Lobenswerte" Einer anderen Beschreibung zufolge ist er einer der 72 Engel der Merkur-Zone. Lelahel unterweist den Eingeweihten in die Kunst, verschiedene Glücks- und Schutztalismane anzufertigen und energetisch zu laden. In einer weiteren Beschreibung ist ihm Psalm 9, Vers 12 zugeordnet: „Singt dem Herrn, der thront auf dem Zion, verkündet unter den Völkern seine Taten."
Lepha	Engel des Siegels
Leuviah / auch als Leuvjah, Livojah beschrieben	Er ist der 19. Engel der 72 Engel Gottes. „Er eilt, um zu hören." Einer anderen Beschreibung zufolge ist er einer der 72 Engel der Merkur-Zone. Leuviah verhilft seinen Schützlingen zu einer hohen Intelligenz, einem ausgezeichneten Gedächtnis und zu einer außergewöhnlichen Urteilskraft. In einer weiteren Beschreibung ist ihm Psalm 40, Vers 2 zugeordnet: „Ich hoffe, ja ich hoffe auf den Herrn. Da neigte er sich zu mir und hörte mein Schreien."
Levanael	Engel des Mondes
Levaniel	Engel der Liebe
Levum	Ein Engel der Sonnensphäre Engel des Wissens und der Mystik
Lhomtab	Ein Engel der Sonnensphäre Engel der Veränderung und Wandlung Er bewacht die Einhaltung des Gesetzes der Umwandlung im gesamten Universum.
Libaniel	Ein Seraph, der als Schutzengel des Apostel Philippus genannt wird.
Liboriel	„Gott opfern", „Gott heiligen" Ein Engel der Anbetung Gottes

Librabis	Engel des Wohlstands Er verhilft den Eingeweihten zu Wohlstand.
Libuel	Ein Engel des Lernes Er unterstützt bei Lernprozessen jeglicher Art.
Lilia	Ein Engel des Naturreichs
Liliel	Engel der Zärtlichkeit
Liriel	Engel der Weisheit
Liriell	Ein Engel der Erdgürtelzone Engel der Philosophie Er übermittelt den Eingeweihten die Philosophie, seit Anbeginn der Zeit.
Liteviche	Einer der 28 Engel, die die 28 Mondkammern regieren.
Liwet	Engel der Erfindungen Er schützt und fördert all jene, die geistreiche und ausgefallene Ideen suchen.
Lofiel	Engel der Schönheit Er hilft uns, unsere Augen für die schönen Dinge des Lebens zu öffnen.
Losimon	Ein Engel der Erdgürtelzone Er unterweist den Eingeweihten in den uralten Mysterien der Religionen der Ur-Völker unserer Erde.
Lotifar	Ein Engel der Erdgürtelzone Er kennt die Gesetze des Lebens und ist bestrebt, allen Menschen, auch den Verzweifelten unter ihnen, die Botschaft, dass „das Leben heilig ist", zu übermitteln. Lotifar ist mit seinen Helfern bestrebt, Menschen vor dem Selbstmord zu bewahren, indem er ihnen hilft, ihre eigene warnende innere Stimme zu hören.

Lotigi	Ein Engel der Erdgürtelzone Er unterweist den Eingeweihten in der Anfertigung von besonders wirksamen Talismanen und Amuletten für die Freundschaft und die Liebe.
Lubech	Ein Engel der Sonnensphäre Er hütet und bewacht das aus dem Feuerprinzip entspringende elektrische Fluid.
Lubuyil	Ein Engel der Sonnensphäre Er hütet und bewacht das Prinzip des Elements Wasser im gesamten Universum.
Luminathron	Engel der Erleuchtung Engel der Erlösung
Lurchi	Ein Engel der Erdgürtelzone Er sichert und festigt die Existenz seiner Schützlinge.
Machatan	Engel der Weisheit
Machajel	Er schenkt den Müden Energie und wirkt somit belebend auf Körper, Geist, Gemüt und Seele.
Machidiel	„Fülle Gottes“
Machoniel	Engelfürst der göttlichen Stärke
Mador	Ein Engel, der vor dem Tor der vierten Himmelshalle steht und dieses bewacht.
Mael	Ein Engel des Wassers
Mafalach	Ein Engel der Erdgürtelzone Er verhilft den Eingeweihten zur Lösung von schwierigen Problemen, indem er ihnen geeignete Schriften, Texte und Bücher in die Hände kommen lässt. Mafalach führt den Wahrheitssuchenden zur rechten Zeit zum geeigneten Lehrer.
Magelucha	Ein Engel der Erdgürtelzone Er unterweist den fortgeschrittenen Eingeweihten in die Anwendung des Wasser- und des Luftelements.

Maggio	Ein Engel der Erdgürtelzone Er schenkt den fortgeschrittenen Eingeweihten Einblick in die göttliche Vorsehung.
Mahasiah / auch als Mahasjah, Mahashia beschrieben	Er ist der 5. Engel der 72 Engel Gottes. „Er ist die Kraft auf der Suche nach Sicherheit und Stabilität." Einer anderen Beschreibung zufolge ist er einer der 72 Engel der Merkur-Zone. Mahasiah unterweist den Eingeweihten in der Heilung auch (scheinbar) unheilbarer Krankheiten. Er vermittelt seinen Schülern die Gesetze der Analogie und hilft ihnen, diese zu verstehen. In einer weiteren Beschreibung ist ihm Psalm 34, Vers 5 zugeordnet: „Ich suchte den Herrn und Er hat mich erhört, Er hat mich all meinen Ängsten entrissen."
Mahara	Ein Engel der Erdgürtelzone Er unterweist den Eingeweihten in der Naturmagie.
Mahariel	Ein Engel aus dem Paradies, der an der ersten Pforte steht und diese bewacht.
Mahazian	Mahazian ist in der Lage, unser Sehvermögen zu verbessern oder wieder ganz herzustellen.
Maktiel	Engel der Bäume Er beschützt alle Bäume.
Malacha	Ein Engel der Erdgürtelzone Er unterweist den Eingeweihten in den Methoden, mittels des Elementes „Feuer" Trancezustände hervorzurufen.
Malaku'l-maut	Malaku'l-maut Im Koran ein Engel des Todes
Malata	Ein Engel der Erdgürtelzone Er unterweist den Eingeweihten in den Geheimnissen des „Blutes" in Bezug auf die Medizin, Vererbung, Psychologie und vieles mehr.

Malchidiel	Engel der Tapferkeit
Maldie	Ein Engel des Elementes „Feuer“
Malkiel / auch als Milkiel, Melkeyal beschrieben	„Gott ist König“, „Gottes König“ Zusammen mit Helemmelek, Meleyal und Narel gehört er zu den Engeln, die über die Jahreszeiten herrschen. Malkiel ist der Herrscher über die wärmere Jahreszeit (ab März), die alles zum Heranreifen bringt.
Malthiel	„Gott rettet“ Engel der Spiritualität Er begleitet die Menschen, die nach spiritueller Wahrheit suchen.
Manakel / auch als Mauakel, Menqel beschrieben	Er ist der 66. Engel der 72 Engel Gottes. „Er ist der Ernährer.“ Einer anderen Beschreibung zufolge ist er einer der 72 Engel der Merkur-Zone. Mahasiah lässt den Eingeweihten alle verborgenen Schätze und Verlorenes wiederentdecken. Er unterweist seine Schüler in den Methoden, Disharmonien, die durch den Einfluss des Mondes entstanden sind, wieder auszugleichen. In einer weiteren Beschreibung ist ihm Psalm 38, Vers 22 zugeordnet: „Herr, verlass mich nicht, bleib mir nicht fern, mein Gott!“
Mankel	Engel der Wassertiere
Manmes	Ein Engel der Erdgürtelzone Er zeigt seinen Schülern die Pflanzen, die als Räucherwerk angewendet werden können und welche Wirkungen sie hervorrufen.
Manu	Ein Schicksalsengel
Manuel	Engel der Zuversicht, des Vertrauens und der Intuition
Matarel	Ein Engel des Regens
Matariel	Ein Engel des Regens Engel der Tränen

Matriel Ein Engel des Regens

Mearab Engel der heiligen Schale
Er unterweist den Eingeweihten in die Mysterien des Kelches.

Mebahel Er ist der 14. Engel der 72 Engel Gottes.
(In anderen Texten ist Mebahel als 44. Engel der 72 Engel Gottes beschrieben.)
(Ebenso konnte ich Texte finden, in denen Jejeziel, „Er erfreut“, als der 14. der 72 Engel Gottes beschrieben wurde.)
Einer anderen Beschreibung zufolge ist er einer der 72 Engel der Merkur-Zone. Als Engel der Gerechtigkeit schützt Mebahel den Eingeweihten vor Unrecht. Als Engel des Friedens inspiriert er die Politiker, Friedenspläne zu entwickeln und zu verwirklichen.
In einer weiteren Beschreibung ist ihm Psalm 9, Vers 10 zugeordnet: „So wird der Herr für den Bedrückten zur Burg, zur Burg in Zeiten der Not.“

Mebaiah / auch als Mebajah, Mibahaiah beschrieben Er ist der 55. Engel der 72 Engel Gottes.
„Er ist ewig.“
Einer anderen Beschreibung zufolge ist er einer der 72 Engel der Merkur-Zone. Mebaiah unterweist den Eingeweihten in den Methoden, wie die Unfruchtbarkeit von Frauen behoben werden kann.
In einer weiteren Beschreibung ist ihm Psalm 102, Vers 13 zugeordnet: „Du aber, Herr, Du thronst für immer und ewig, Dein Name dauert von Geschlecht zu Geschlecht.“

Mechebbera Ein Engel der Erdgürtelzone
Er unterweist den Eingeweihten in die Anatomie des physischen und energetischen Körper des Menschen. Mechebbera offenbart seinen fortgeschrittenen Schülern wundertätige Heilmethoden.

Megalogie

Ein Engel der Erdgürtelzone
Er hütet und bewacht alle Heilquellen der Erde und inspiriert die Menschen zu verschiedenen heilenden Wasserbehandlungen.

Megiddon

Ein Seraph und Schutzengel des Apostel Simon Kananäus

Meher

Ein Engel des Lichtes
Engel des Erbarmens
Er schenkt den Menschen ein Licht in ihren dunklen Zeiten und spendet ihnen Trost.

Mehiel / auch als Machajel beschrieben

Er ist der 64. Engel der 72 Engel Gottes.
„Er ist die belebende Kraft“
Einer anderen Beschreibung zufolge ist er einer der 72 Engel der Merkur-Zone. Mehiel offenbart den fortgeschrittenen Eingeweihten verschiedene machtvolle Formeln und Worte, die sie vor jeglicher Gefahr durch Feinde schützen, jedes wilde Tier augenblicklich zähmen und jede rasende Menschenmenge sofort beruhigen.
In einer weiteren Beschreibung ist ihm Psalm 33, Vers 18 zugeordnet: „Doch das Auge des Herrn ruht auf allen, die Ihn fürchten und ehren, die nach Seiner Güte ausschauen.“

Melachiel

Ein Engel der kosmischen Ordnung

Melahel / auch als Melohel beschrieben

Er ist der 23. Engel der 72 Engel Gottes.
„Wendet Übel und Böses ab.“
Einer anderen Beschreibung zufolge ist er einer der 72 Engel der Merkur-Zone. Melahel schützt die ihm Anvertrauten vor jeglicher Gefahr. Er unterweist den Eingeweihten in der Phytotherapie und vertraut ihm die Rezepte heilender Teemischungen an.
In einer weiteren Beschreibung ist ihm Psalm 121, Vers 8 zugeordnet: „Der Herr behüte dich, wenn du fortgehst und wiederkommst, von nun an bis in Ewigkeit.“

Melamo	Ein Engel der Erdgürtelzone Er verhilft den fortgeschrittenen Eingeweihten zur Vervollkommnung ihrer Persönlichkeit und zur Steigerung ihrer Macht.
Melathiel	Wenn wir Melathiel darum bitten, dann führt er uns auf den rechten Weg.
Meleyal	„Voll von Gott“, „Fülle Gottes“ Zusammen mit Helemmelek, Malkiel und Narel gehört Meleyal zu den Engeln, die über die Jahreszeiten herrschen. Meleyal herrscht über den Herbst.
Melioth	Melioth ist einer der neun Engel, die ständig zwischen Himmel und Erde schwingen.
Menadel / auch als Manadel, Mendial beschrieben	Er ist der 36. Engel der 72 Engel Gottes. „Er ist der Ehrbare.“ Einer anderen Beschreibung zufolge ist er einer der 72 Engel der Merkur-Zone. Menadel unterweist den Eingeweihten in der Herstellung und Ladung von Talismanen, Amuletten und Kristallen. Er lehrt seine Schüler, zu welcher Zeit und an welchem Ort Heilpflanzen und Kräuter gesammelt werden. In einer weiteren Beschreibung ist ihm Psalm 26, Vers 8 zugeordnet: „Herr, ich liebe den Ort, wo Dein Tempel steht, die Stätte, wo Deine Herrlichkeit wohnt.“
Mendel	Ein Engel des Trostes
Menijim	Ein Engel der Erde
Mennolika	Ein Engel der Erdgürtelzone Engel der göttlichen Wunder
Meriarijim	Ein Engel der Nacht
Meriel	Ein Engel der Meere und der Seen

Merki	Ein Engel der Erdgürtelzone Merki herrscht über alle unter dem Wasser lebenden Tiere. Er unterweist den Eingeweihten in der Elemente-Magie.
Mesah	Ein Engel der Erdgürtelzone Er unterweist den Eingeweihten in die Sitten und Gebräuche der Menschheit seit Anbeginn der Zeit.
Messijim	Ein Engel des Feuers
Metatron / auch als Merraton, Methrattin, Mittron beschrieben	„Dem Thron nahestehend." „Der einen Thron neben Gott einnimmt." Er wird auch als König der Engel bezeichnet. Metatron ist der höchste Engel in der Kabbalah. Er steht im Lebensbaum bei der Krone und wird dem Reich Kether zugeordnet. Es heißt, Metatron habe als Henoch auf der Erde gelebt. Nach seiner Ankunft im Himmel wurde er in einen Feuergeist verwandelt, ausgestattet mit sechsunddreißig Paar Flügeln sowie unzähligen Augen. Seine Wimpern sind Blitze, seine Knochen bestehen aus Glut und sein Fleisch aus Feuer. Er residiert im siebten Himmel, und wenn man ihn ruft, erscheint er als Feuersäule, die mehr blenden soll als die Sonne. Metatron kennt alle Taten der Menschen, die im Buch des Lebens stehen.
Methaera	Ein Engel der Erdgürtelzone Er unterweist den Eingeweihten in der Nutzbarmachung der Sonnenkräfte und des elektrischen Fluids.
Metosee	Ein Engel der Erdgürtelzone Engel der Kreativität, der Geschicklichkeit und des Handwerks

Michael / auch als Mikael, Micael beschrieben	„Wer ist wie Gott.“ Er sitzt zur rechten des Altars der Wohlgerüche. Michael ist der Barmherzigste aller Engel, sein Herz ist gefüllt mit einer unerschöpflichen Liebe. Er wird auch der „Engelfürst des Friedens“ genannt. Die schönsten Siege, die Michael zu erringen hilft, finden wir auf den verborgenen Schlachtfeldern der Seelen. Er ist der Führer der Seelen auf dem Weg in die Ewigkeit. Er ist der 42. Engel der 72 Engel Gottes. „Wille Gottes“ Einer anderen Beschreibung zufolge ist er einer der 72 Engel der Merkur-Zone. Mikael schützt den Eingeweihten vor jeglichen Feinden. In einer weiteren Beschreibung ist ihm u.a. Psalm 121, Vers 7 zugeordnet: „Der Herr behüte dich vor allem Bösen, Er behütet dein Leben.“ Als Erzengel Mikail wird er im Koran erwähnt.
Mihael / auch als Mihal, Mikal beschrieben	Er ist der 48. Engel der 72 Engel Gottes. „Er ist wie ein Vater.“ Einer anderen Beschreibung zufolge ist er einer der 72 Engel der Merkur-Zone. Mihael lehrt den Eingeweihten u.a. die Verwandlung von Metallen zu Gold und umgekehrt. In einer weiteren Beschreibung ist ihm Psalm 98, Vers 2 zugeordnet: „Der Herr hat Sein Heil bekannt gemacht und Sein gerechtes Wirken enthüllt vor den Augen der Völker.“
Mikail	Mikail ist der Name des „Erzengel Michaels“ im Koran.
Milon	Ein Engel der Erdgürtelzone Er unterweist den fortgeschrittenen Eingeweihten in den Methoden der Schicksalsbeherrschung, der bewussten Erschaffung und den daraus resultierenden Wirkungen des Karma.

Mimosah	Ein Engel der Erdgürtelzone Er unterweist den Eingeweihten in der Rechtswissenschaft und hilft seinen Schülern, jegliches Unrecht, wie z.B. juristische Fehlurteile, in rechte Urteile umzuwandeln.
Miniel	Wenn Miniel darum gebeten wird, dann bringt er die Liebe auch in ein sonst eher kaltes und abweisendes Mädchenherz.
Mirachar	Ein Engel des Frühlings
Mitzrael / auch als Mizrael beschrieben	Er ist der 60. Engel der 72 Engel Gottes. „Er richtet die Unterdrückten wieder auf." Einer anderen Beschreibung zufolge ist er einer der 72 Engel der Merkur-Zone. Mizrael unterweist den Eingeweihten auf Wunsch in verschiedenen wissenschaftlichen Themengebieten. Seine Schüler können von ihm Geschicklichkeit und Handfertigkeit für ihren erwählten Beruf erwerben. In einer weiteren Beschreibung ist ihm Psalm 145, Vers 17 zugeordnet: „Gerecht ist der Herr in allem, was Er tut, voll Huld in all Seinen Werken."
Mizariel	Engel der Wandlung
Mizrach	Engel des heiligen Schwertes
Moakkibat	Ein Engel, der die Taten der Menschen aufschreibt.
Molabeda	Ein Engel der Erdgürtelzone Er unterweist den fortgeschrittenen Eingeweihten in die Mysterien der Sexualmagie.
Morael	Engel der Naturgesetze Engel des Friedens
Morech	Ein Engel der Erdgürtelzone Er unterweist den Eingeweihten in verschiedenen Methoden, um sein Gedächtnis zu stärken und seine Intuition zu erhöhen.
Moriel	Ein Engel des Windes

Morilon	Ein Engel der Erdgürtelzone Er unterweist den Eingeweihten in der Kunst der Traumdeutung.
Moschel	Ein Engel der Erdgürtelzone Engel der Kunst Auf Bitte seiner Schüler überträgt er ihnen die erwünschte künstlerische Begabung.
Mtniel	Ein Engel der wilden Tiere
Mumiah / auch als Mumjah, Mevamajah beschreiben	Er ist der 72. Engel der 72 Engel Gottes. Einer anderen Beschreibung zufolge ist er einer der 72 Engel der Merkur-Zone. Mumiah unterweist den heilerisch tätigen Eingeweihten darin, wie er jede Krankheit erfolgreich behandeln kann. In einer weiteren Beschreibung ist ihm Psalm 116, Vers 7 zugeordnet: „Komm wieder zur Ruhe, mein Herz! Denn der Herr hat dir Gutes getan.“
Mupiel	Engel der Erinnerung
Nablum	Ein Engel der Erdgürtelzone Er unterweist den Eingeweihten in verschiedene spagyrische und alchimistische Arbeitstechniken.
Nachero	Ein Engel der Erdgürtelzone Als Engel der Tiere hütet und beschützt er alle Tiere auf der Erde. Er unterweist den Eingeweihten in die verschiedenen Heilmethoden, mit denen die Krankheiten der Tiere geheilt werden können.
Nadar	Engel der Wandlung
Nadele	Ein Engel der Erdgürtelzone Er unterweist den fortgeschrittenen Eingeweihten in der Heilkunst und lehrt ihn, mit Hilfe des Akasha-Prinzips sich selbst und anderen zu helfen.
Nadjamael / auch als Nadjamel beschrieben	Ein Engel des Friedens
Nafriel	Ein Engel-Wächter an den Toren des Südwindes

Naga Ein Engel der Erdgürtelzone
Er verhilft den Eingeweihten zu einem hervorragenden Urteilsvermögen und einem außergewöhnlichen Kombinationstalent.

Nagar Ein Engel der Erdgürtelzone
Er unterweist den interessierten Eingeweihten in die synthetische Herstellung verschiedenster Heilmittel.

Nahaliel Engel der Flüsse

Nahimpar Ein Engel des Sommers

Namalon Ein Engel der Erdgürtelzone
Er schützt all jene, die an Mondsucht (Schlafwandel), Veitstanz (Morbus Huntington), Epilepsie (Fallsucht) oder ähnlichen Erkrankungen leiden. Namalon unterweist den heilkundigen Eingeweihten in die wahren Ursachen und die passenden Heilmethoden dieser Erkrankungen.

Nanael Er ist der 53. Engel der 72 Engel Gottes.
„Engel der Tierwelt und deren Beeinflussung"
Einer anderen Beschreibung zufolge ist er einer der 72 Engel der Merkur-Zone. Nanael unterweist den fortgeschrittenen Eingeweihten in der Kommunikation mit den Tieren.
In einer weiteren Beschreibung ist ihm Psalm 119, Vers 75 zugeordnet: „Herr, ich weiß, dass Deine Entscheide gerecht sind. Du hast mich gebeugt, weil Du treu für mich sorgst."

Naniroa Ein Engel der Erdgürtelzone
Er beschützt das Eigentum derer, denen er zugetan ist, vor allen Katastrophen. Naniroa unterweist den Eingeweihten in den Methoden, Gestohlenes wieder auf dem rechten Weg zurück zu bekommen.

Narel Narel gehört mit Helemmelek, Malkiel und Meleyal zu den Engeln, die über die Jahreszeiten herrschen. Narel herrscht über den Winter.

Nariel	Engel des Trostes Nariel lenkt den Südwind und regiert er über die Mittagswinde.
Nascela	Ein Engel der Erdgürtelzone Engel der Schriftsteller Er verhilft den interessierten Eingeweihten, auf Wunsch, zu schriftstellerischem Talent.
Nasi	Ein Engel der Erdgürtelzone Engel der Freude und des irdischen Glücks Nasi unterweist den Eingeweihten in den verschiedenen Möglichkeiten, sein irdisches Leben, sowohl im Privaten als auch im Beruflichen, angenehm, freudvoll und erfolgreich zu gestalten.
Nathanael auch als Nathaniel beschrieben	„Geschenk Gottes", „Dem Gott gibt" In den jüdischen Legenden ist Nathanael der an sechster Stelle erschaffene Engel und einer der zwölf Racheengel. Engel des geistig-spirituellen Erwachens Auch als Hüter des Feuers beschrieben.
Natiel	Dieser Engel hat die Macht, das Böse abzuwehren. Sein Name ist in dem Amulett zu finden, das Kamea genannt wird Ein(e) Kamea (hebräisch) ist ein magisches Quadrat, das einem bestimmten Planeten zugeordnet ist. Kameas sind meist auf einem Talisman oder Amulett zu finden. Ein Talisman (von arab. tilsam, Zauberbild – Plural tilsamat oder talasim) ist ein kleiner Gegenstand, oft ein Bild aus Metall oder Stein, der gegen Krankheiten und Zauberei schützen soll oder als allgemeiner Glücksbringer dient. Damit unterscheidet er sich in gewisser Hinsicht vom Amulett, das zielgerichtet und absichtsvoll auf eine ganz bestimmte Wirkung hin eingesetzt wird.

Natiel	Er kann an der Kleidung getragen oder in bzw. an Wohnungen angebracht werden. Ein Amulett (lat. amuletum – „Kraftspender“, davor arabisch hammala – „Tragband“) ist ein Gegenstand, dem magische Kräfte zugeschrieben werden, mit denen er Glück bringen (energetische, sakramentale Wirkung) und vor Schaden schützen soll.)
Natolisa	Ein Engel der Erdgürtelzone Engel der Bienen und des Honigs Er schenkt den Menschen die Süße des Lebens in Form von Honig, Zucker und zuckerähnlichen Produkten. Natolisa unterweist den Eingeweihten in der Behandlung aller Krankheiten, die durch ein zu viel oder ein zu wenig an Zucker im menschlichen Körper entstehen.
Naumiel / auch als Nahumiel beschrieben	„Tröster Gottes“ Ein Engel, der Trost schenkt.
Nearah	Ein Engel der Erdgürtelzone Engel der Chemie Engel der Zahnheilkunde Dem verschwiegenen fortgeschrittenen Eingeweihten schenkt Nearah einen Blick in die Zukunft der Zahnheilkunde.
Negani	Ein Engel der Erdgürtelzone Er unterweist den Eingeweihten in den Methoden, die das mentale und astrale Wandern in den verschiedenen Sphären ermöglichen.
Nehemiael	„Getröstet hat der Herr“ Ein Engel der Hoffnung

Nelekael / auch als Nelchael, Nelokiel beschreiben
Er ist der 21. Engel der 72 Engel Gottes.
„Das bist alleine Du."
Einer anderen Beschreibung zufolge ist er einer der 72 Engel der Merkur-Zone. Nelekael inspiriert die okkulten Schriftsteller unter den Eingeweihten und führt den ehrlichen Wahrheitssuchenden zu den rechten Büchern und Lehrern.
In einer weiteren Beschreibung ist ihm Psalm 31, Vers 15 zugeordnet: „Ich aber, Herr, ich vertraue Dir, ich sage: Du bist mein Gott."

Nemamiah / auch als Nemamjah beschreiben
Er ist der 57. Engel der 72 Engel Gottes.
„Er ist liebenswert."
Einer anderen Beschreibung zufolge ist er einer der 72 Engel der Merkur-Zone. Nemamiah offenbart den fortgeschrittenen Eingeweihten die Kunst der magischen Umwandlung.
In einer weiteren Beschreibung ist ihm Psalm 115, Vers 11 zugeordnet: „Alle, die ihr den Herrn fürchtet, vertraut auf den Herrn! Er ist für euch Helfer und Schild."

Nephasser
Ein Engel der Erdgürtelzone
Als Engel des Glücks verhilft er den Eingeweihten zu Glück, Erfolg, Reichtum und Zufriedenheit in materieller Hinsicht.

Neschamah
Ein Engel der Erdgürtelzone
Er unterweist den Eingeweihten in die Bearbeitung von Metallen.

Nesanel
Engel der Reinigung und der Befreiung von Sünden

Neriel
Einer der 28 Engel, die die 28 Mondkammern regieren.

Nimalon
Ein Engel der Erdgürtelzone
Er unterweist den Eingeweihten in allen intellektuellen Sprachen der verschiedenen Ebenen.

Nimtrix
Ein Engel der Erdgürtelzone
Er unterweist den Eingeweihten in der Kunst der Entmaterialisation und der Materialisation.

Nisroc
Engel der Freiheit
"Der große Adler", sein Flug in den Himmel ist das Symbol für Freiheit. Er arbeitet auf der Befreiungsebene von karmischen Strukturen. Seine Energie zeigt sehr deutlich, an welchen Wesen der Mensch innerlich und unterbewusst hängt oder an welche Energien er gefesselt ist.

Nithael
Er ist der 54. Engel der 72 Engel Gottes.
„Himmlischer König"
Einer anderen Beschreibung zufolge ist er einer der 72 Engel der Merkur-Zone. Als Engel der Schriftsteller, Redner und schönen Künste verhilft er seinen Schülern zu Erfolg, Berühmtheit und führt sie zur Glückseligkeit.
In einer weiteren Beschreibung ist ihm Psalm 103, Vers 19 zugeordnet: „Der Herr hat Seinen Thron errichtet im Himmel, Seine königliche Macht erhellt das All."

Nith-Haiah / auch als Nithhajah beschrieben
Er ist der 25. Engel der 72 Engel Gottes.
„Der Erweiterer der Ausdehnung, die wunderbar ist."
Einer anderen Beschreibung zufolge ist er einer der 72 Engel der Merkur-Zone. Nith-Haiah ist der Hüter aller geheimen Mysterien. Er sorgt dafür, dass nur den fortgeschrittenen Eingeweihten, die ein reines Herz besitzen, diese Geheimnisse anvertraut werden.
In einer weiteren Beschreibung ist ihm Psalm 10, Vers 1 zugeordnet: „Herr, warum bliebst Du so fern, verbirgst Dich in Zeiten der Not?"

Nitika
Engel der Edelsteine
Engel der Heilsteine

Nogah
Ein Engel der Erdgürtelzone
Engel der Fruchtbarkeit
Er unterweist den heilerisch tätigen Eingeweihten in den Methoden, wie sich Unfruchtbarkeit und Impotenz sowohl beim Mann als auch bei der Frau beheben lassen.

Notiser Ein Engel der Erdgürtelzone
Als Engelmeister des Wissens lehrt er den Eingeweihten, seine Verstandeskraft zu erweitern, seinen Intellekt zu schärfen und sein Gedächtnis zu stärken.

Nudatoni Ein Engel der Erdgürtelzone
Er unterweist den Eingeweihten in der Pyrotechnik.

Nuriel „Feuer Gottes"
Engel des Hagels
Er hilft den Eingeweihten, die „Worte Gottes" besser zu verstehen.
Sein Name, auf einem Amulett geschrieben, schützt und wirkt als Gegenzauber bei Verwünschungen und Verfluchungen.

Nuriiel Nuriiel kann alle Beziehungen heilen, die am Erkalten sind und an mangelnder gegenseitiger Aufmerksamkeit kranken.

Obedomah Ein Engel der Erdgürtelzone
Er unterweist den Eingeweihten in der Metaphysik und der Parapsychologie. Es zeigt deren Zusammenhänge, Wirkungen und Ursachen in Beziehung zu verschiedenen Krankheiten auf.

Och Engel der Mineralogie und Engelprinz der Alchemie
Einer anderen Beschreibung zufolge ist Och ein Sonnenengel. Dem Bittenden gibt Och 600 Jahre vollkommene Gesundheit (wenn sie so lange leben). Ebenfalls kann er des Menschen Leben verlängern, wenn er möchte. Er regiert 28 der 96 olympischen Provinzen, in die der Himmel eingeteilt ist. Och soll 36 536 Legionen von Sonnengeistern befehligen.

Odac Ein Engel der Erdgürtelzone
Er unterweist den Eingeweihten in der universellen Liebesmagie.

Odmiel	Ein Engel der Eingebung und der Intuition
Oertha	Nach dem apokryphen Bartholomäus-Evangelium ist Oertha der Herrscher des Ostwinds.
Ohazia	Einer der Engelwächter des dritten Himmels
Ohriel	Engel der Geduld
Olaska	Ein Engel der Erdgürtelzone Als Engel der Fahrzeuge und Transportmittel inspiriert er den Eingeweihten in allen Erfindungen, die die unterschiedlichen Transportmittel (z.B. Autos) in jeglicher Hinsicht verbessern.
Olinda	Der Beschützer des Eigentums
Omael / auch als Evamel beschrieben	Er ist der 30. Engel der 72 Engel Gottes. „Ist geduldig und ausdauernd" Einer anderen Beschreibung zufolge ist er einer der 72 Engel der Merkur-Zone. Als Engel des Tierreichs unterweist Omael den Eingeweihten in allen Methoden der Diagnose und Heilung von Krankheiten der Tiere. In einer weiteren Beschreibung ist ihm Psalm 71, Vers 5 zugeordnet: „Herr, mein Gott, Du bist meine Zuversicht, meine Hoffnung von Jugend auf."
Omana	Ein Engel der Erdgürtelzone Seit Anbeginn der Zeit inspiriert er die Menschen, ihre Haare zu pflegen, zu frisieren, zu färben usw. Er begeistert alle Menschen, die beruflich mit Haaren und dem damit verbundenen Handwerkszeug zu tun haben.
Omniel	Er schenkt allen Menschen, die ihn darum bitten, die Fähigkeit, ein Gefühl des Einsseins mit allem Leben wiederzuerlangen. Omniel ist dabei behilflich, uns den Schleier der Illusionen zu nehmen, der uns von anderen lebenden Wesen trennt. Wenn dieser Schleier fällt, wird jenes Prinzip Wirklichkeit, bei dem wir nur das mit anderen tun, was wir auch mit uns selbst tun würden, denn wir sind tatsächlich alle Eins.

Onayepheton	Dies soll der Name des Engels sein, mit dem Gott die Toten zusammenruft und wieder zum Leben erweckt.
Ongkanon	Ein Engel der Kommunikation Bei kommunikativen Schwierigkeiten im Privat- und Berufsleben kann er den Bittenden dabei helfen, die rechten Worte zur richtigen Zeit zu finden und auszusprechen oder im rechten Moment zu schweigen.
Onoel	Engel der Segnungen und des Segens
Ooniemme	Ein Engel der Dankbarkeit
Ophaniel	Hüter des Mondes und seiner mystischen Kräfte
Ophanim	Engel des Geistes und der Wahrheit
Ophar	Engel der Dunkelheit Engel der Nacht
Ophiel	Ein Engel der Meditation und der tiefen Spiritualität
Opilon	Ein Engel der Erdgürtelzone Er führt den Eingeweihten bei allen Unternehmungen zu größtem Erfolg.
Opollogon	Ein Engel der Erdgürtelzone Er unterweist den Eingeweihten in der Mond-Magie.
Oramos	Ein Engel der Erdgürtelzone Er unterweist den Eingeweihten in allen medialen Fähigkeiten.
Oranir	Er ist der Anführer der neuen Engel der sommerlichen Tag- und Nachtgleiche. Oranir schützt vor dem *bösen Blick*.
Oriares	Dieser Engel regiert den Winter.
Oriel / auch als Auriel beschrieben	Engel des Schicksals Er ist einer der 70 Kindbett-Amulettengel.

Orienell	Ein Engel der Erdgürtelzone Er schenkt seinen Schülern mittels der Intuition die Kenntnis diverser magischer Hilfsmittel zur Entwicklung geistiger Fähigkeiten.
Oriphiel / auch als Jophiel beschrieben	Fürst der Throne Ein Engel des Wissens und der Weisheit Oriphiel soll nach außerbiblichen Schriften zu den sieben Erzengeln gehören. Sein Name, auf einem Amulett geschrieben, soll den Träger für die tiefsten Weisheiten und geistigen Schätze zugänglich machen.
Ornion	Ein Engel der Erdgürtelzone Er unterweist den Eingeweihten in der Physiologie und der Physiognomie.
Oromonas	Ein Engel der Erdgürtelzone Wenn es im Bereich des Möglichen liegt, dann erfüllt Oromonas den Eingeweihten die tiefsten Herzenswünsche.
Orphiel	Ein Engel der Wildnis und der Natur Er fördert bei den Menschen die spirituellen Kräfte der Meditation und hilft ihnen dabei, das göttliche Licht in sich selbst zu erkennen.
Osanel	Ein Engel der Heilung Er gehört zu den Legionen Raphaels.
Othriel	„Er ruft Gott an" Sein Name wird oft in jüdischen Gebeten genannt. Er hilft den Bittenden dabei, ihre Pläne mit der Führung Gottes umzusetzen.
Pachadiel	Ein Schutzengel der Tiere
Padidi	Ein Engel der Erdgürtelzone Er inspiriert die Maler, die wahre Schönheit in der Kunst zum Ausdruck zu bringen, und unterweist den Eingeweihten in der Macht der Farben.

Pafessa	Ein Engel der Erdgürtelzone Er hilft den Eingeweihten in jeder Hinsicht dabei, ihre berufliche Situation zu verbessern.
Pagalusta	Ein Engel der Erdgürtelzone Er unterweist den Eingeweihten in den Fähigkeiten der Medialität.
Pagiel	Dieser Engel wird in rituellen Gebeten gerufen, um die Wünsche des Bittenden zu erfüllen.
Paguldez	Ein Engel der Erdgürtelzone Er unterweist den Eingeweihten in der Naturmagie.
Pahaliah / auch als Pahaljah, Phehiljah beschrieben	Er ist der 20. Engel der 72 Engel Gottes. „Erlöser und Befreier" Einer anderen Beschreibung zufolge ist er einer der 72 Engel der Merkur-Zone. Pahaliah weiht den Eingeweihten in die Evolutionsgeschichte ein und lehrt ihn die Gesetzmäßigkeiten des Mikro- und des Makrokosmos. In einer weiteren Beschreibung ist ihm zusammen mit dem 41. Engel, Hahahel, Psalm 120, Vers 2 zugeordnet: „Herr, rette mein Leben vor Lügnern, rette es vor falschen Zungen!"
Paimonah	Er hilft den Menschen in der Kommunikation mit den Tieren.
Palomael	„Taube Gottes" Ein Engel des Friedens
Panari	Ein Engel der Erdgürtelzone Er offenbart den Eingeweihten die Geheimnisse der Metalle und der Metallverarbeitung und lehrt sie, diese auch als Heilmittel zu verwenden.
Pancia	Ein "hochreiner Engel", der bei speziellen magischen Zeremonien anwesend ist, besonders bei der Beschwörung des Schwertes.

Panfodra — Ein Engel der Erdgürtelzone
Er offenbart den Eingeweihten die geheimen Methoden der geistigen Entwicklung.

Paniel — Sein Name, eingraviert auf einem Amulett, dient zur Abwehr des Bösen.

Pantasaron — Ein Engel der Freude und des Lachens

Papus — Ein Engel der Medizin

Parachmo — Ein Engel der Erdgürtelzone
Er schützt all jene, die sich mit Pflanzen und Kräutern beschäftigen. Parachmo lehrt den Eingeweihten das rechte Sammeln, die richtige Zubereitung und die heilende Anwendung der Heilkräuter.

Parioch/Pariuch — Ein Engel der Akasha-Chronik
Er hütet und bewacht die Schriften, die im Himmel aufgezeichnet sind.

Parkaduel — Ein Engel des Friedens

Parmasa — Ein Engel der Erdgürtelzone
Engel des Frohsinns und des Lachens
Er inspiriert die Menschen zu lustigen Einfällen jeglicher Art und verhilft ihnen somit, von ganzem Herzen zu lachen und ihr Leben mit Frohsinn zu leben.

Paruch — Ein Engel der Erdgürtelzone
Er unterweist den Eingeweihten in der Anwendung der kosmischen Gesetze.

Paruchu — Ein Engel der Erdgürtelzone
Er inspiriert die schriftstellerisch und schauspielerisch tätigen Eingeweihten und verhilft ihnen zu Berühmtheit.

Parymet — 14. Thronengel

Paschan — Ein Engel der Erdgürtelzone
Er unterweist den Eingeweihten in der Herstellung heilender Talismane.

Paschar Als Engel der Illusion wacht er über den Schleier zwischen den Welten, zwischen der geistigen Welt (Himmel) und der materiellen Welt (Erde).
Als Engel der Vision lädt er die Menschen dazu ein, in Kontakt mit ihrer eigenen Seele zu kommen, um den nächsten Schritt auf ihrem spirituellen Weg der Selbsterkenntnis zu gehen. Paschar verbindet den Bittenden direkt mit den Visionen des eigenen göttlichen Lebensplanes.
Er lädt die Menschen ein, sich den Himmel auf Erden vorzustellen und so die eigenen Lebensvisionen in das Reich Gottes zu senden.

Paschy Ein Engel der Erdgürtelzone
Engel der Diplomaten
Er inspiriert die Diplomaten, in schwierigen Angelegenheiten die beste Lösung für alle Beteiligten zu finden.

Pasiel Engel der Stärke
Er schenkt den Bittenden innere Stärke.

Patasaron Ein Engel der Freundschaft
Er ist Schutzengel aller freundschaftlichen Bindungen.

Peekah Ein Engel der Erdgürtelzone
Seit Anbeginn der Zeit inspiriert Peekah die Menschen in der Zubereitung von Speisen.

Pejul Schutzengel der Tiere
(Sibirien; als Schutzengel der Tiere erscheint er den Menschen in der Gestalt seines tierischen Schützlings.)

Pentee Ein Engel der Natur

Peralit Ein Engel der Erdgürtelzone
Er unterweist den fortgeschrittenen Eingeweihten in die Mysterien von Inkarnation, Leben, Tod und Übergang in die geistige Welt.

Peresch	Ein Engel der Erdgürtelzone Er überwacht alle politischen Ereignisse auf der Erde in Bezug auf die Reife und Entwicklung der Menschheit.
Petuno	Ein Engel der Erdgürtelzone Schutzengel der Jäger
Phael	Engel des Rates
Phanuel / auch als Fanuel, Peniel, Penuel beschrieben	„Angesicht Gottes", „Gesicht Gottes" Neben Michael, Raphael und Gabriel einer der Engel, die vor Gottes Thron stehen. Seine Aufgabe ist es, die Dämonen abzuwehren, die die Menschen vor Gott anklagen wollen. Er wird auch als Engel der Buße, Prinz der Gegenwart, Engel der Hoffnung und Beschützer der Menschen beschrieben.
Phorlak	Phorlak schenkt den Bittenden den notwendigen Ehrgeiz zur Vollendung. Einer anderen Beschreibung zufolge ist Phorlak der Engel des Pentakels (Ein von einem Kreis umschlossenes Pentagramm wird „Pentakel" genannt.) und ein Engel der Erde. Er hütet und bewacht die Arbeit mit den heiligen Mysterien des Pentakels.
Phul	Engel des Mondes und des Wassers
Pigios	Ein Engel der Erdgürtelzone Engel der Dichter und Schriftsteller Er inspiriert die Schriftsteller und Dichter zur Wahl der richtigen Worte und zur rechten Ausdrucksform.
Plagiguel	Ein Engel der Erfüllung und Vollendung
Pliroki	Ein Engel der Erdgürtelzone Er unterweist den Eingeweihten in den Methoden, Botschaften selbst über die weiteste Entfernung hinweg zu senden, mental oder mit Hilfe des Elements „Luft".

Poiel / auch als Poojael beschrieben	Er ist der 56. Engel der 72 Engel Gottes. „Er unterstützt alle Dinge." Einer anderen Beschreibung zufolge ist er einer der 72 Engel der Merkur-Zone. Poiel unterstützt alle Wahrheitssuchenden bei ihren Studien. Er verhilft ihnen zu einem gesicherten Lebensunterhalt. In einer weiteren Beschreibung ist ihm Psalm 145, Vers 14 zugeordnet: „Der Herr stützt alle, die fallen und richtet alle Gebeugten wieder auf."
Pomelion	Ein Friedensengel
Porascho	Ein Engel der Erdgürtelzone Engel des Lernens Er hilft den Bittenden bei allen Prüfungen, die in den Bereich „Schule" fallen.
Pormatho	Ein Engel der Erdgürtelzone Er unterweist den Eingeweihten in die Wirkung und die Kraft der Erdstrahlen.
Porphora	Ein Engel der Erdgürtelzone Er unterweist den Eingeweihten in allen Methoden, „Sympathie" zu erzeugen und zu erhalten.
Pother	Ein Engel der Erdgürtelzone Engel des Friedens Er unterweist den Eingeweihten in der Kriegskunst zur Friedenssicherung.
Proxones	Ein Engel der Erdgürtelzone Inspirator aller Erfindungen auf dem Gebiet der Elektrizität
Puriel	Engel, der die Reinheit der Seelen prüft.
Qaddis	Zwillingsengel, die, zusammen mit dem Zwilling Irin, den höchsten richterlichen Rat am himmlischen Gericht bilden.
Qafsiel	Er ist der Wächter der siebten Himmelshalle. In der alten hebräischen Magie wird er gerufen, um Feinde zu vertreiben.

Qaigus	Schutzengel der Eichhörnchen und Zobel (Sibirien)
Qalbam	Einer der zahlreichen Engelwächter des Südwindes
Qamiel	Einer der zahlreichen Engelwächter des Südwindes
Qaniel	Einer der zahlreichen Engelwächter des Südwindes
Quaddishim	Die Engelprinzen der höchsten Stufe der himmlischen Reiche
Quelamia	Einer der sieben hohen Thronengel aus dem ersten Himmel
Raaschiel	Als Engel des Trostes und der Erschütterungen hilft und schützt er bei allen Formen von Erschütterungen, seien es seelische Krisen oder auch ein Erdbeben.
Rabacyal	Einer der drei Engelprinzen des dritten Himmels
Rachel	Ein Engel des Humors und des Selbstvertrauens Rachel sorgt dafür, dass die Menschen die unschönen Geschehnisse und Erlebnisse in ihren Leben nicht mit zu viel Ernsthaftigkeit und Schwermut tragen.
Rachiel	Rachiel beschützt alle Beziehungen und die Liebe.
Rachmiel	Ein Engel der Gnade und des Mitgefühls
Radatiel	Engelfürst der göttlichen Strahlkraft und Heilung
Radina	Ein Engel der Erdgürtelzone Er unterweist den Eingeweihten in den theurgischen Heilmethoden nach den Gesetzen der Kabbalah.
Radueriel	Engel der Dichter
Raguel / auch als Raguil, Ra-uel beschrieben	Engel der Gerechtigkeit und Ordnung Raguel setzt sich für die Schwächeren ein, die Benachteiligten und all jene, die sich übergangen oder schlecht behandelt fühlen. Er verhilft ihnen dazu, mehr Kraft und Respekt zu gewinnen.

Raguel / auch als Raguil, Ra-uel beschrieben	Er wird auch als Engel-Ratgeber bei geschäftlichen Angelegenheiten beschrieben. Raguel wirkt inspirierend bei Lösungen von Konflikten, harmonischer Zusammenarbeit innerhalb der verschiedensten Gruppen und vermittelt in Streitfällen.
Raguiel	Er bringt den Bittenden religiöses Wissen und stärkt das spirituelle Vertrauen.
Rahab	Ein Engel der Meere
Rahamiel	Ein Engel der bedingungslosen Liebe
Rahel	Engel der Mutterschaft
Rahmiel	Ein Engel der Liebe
Rahtiel	Einer der Engel der Sternbilder
Rakhaniel	Er schenkt den Bittenden Willenskraft und verhilft ihnen zu großer Weisheit.
Ramael	Engel der Vision Einer der fünf Engel, die die Seelen ins Paradies führen. (Sibyllinisches Orakel) Einer anderen Beschreibung zufolge auch als Rameel, Remiel oder Jeremiel beschrieben, zählt er zu den Engeln, die sich mit sterblichen Frauen vereinigten.
Ramaela	Ein Engel des Schöpfungsfeuer In einer anderen Beschreibung wird Ramaela als Engel der Freude beschrieben. Ramaela wird angerufen in Situationen der Traurigkeit, um den Menschen wieder Freude ins Herz zu säen.
Ramage	Ein Engel der Erdgürtelzone Er überwacht alle Mondstationen und deren energetische/feinstoffliche Wirkungen auf die Erde. Ramage unterweist den Eingeweihten in die Mysterien der 28 Mondhäuser.
Ramara	Ein Engel der Erdgürtelzone Er lehrt den Eingeweihten verschiedene rituelle und magische Formeln, mit denen er sich spezielle metaphysische Fähigkeiten aneignen kann.

Ramgisa	Ein Engel der Erdgürtelzone Engel aller Wassertiere
Rampel	Engel der Flüsse Einer anderen Beschreibung zufolge regiert Rampel über die Berge. Er schenkt den Bittenden innere Stärke, Stabilität und Ausdauer. Wenn wir einen Berg besteigen oder einfach nur einen Berg anschauen, dann ist Rampel ganz nah bei uns.
Ranar	Ein Engel der Erdgürtelzone Er beschützt all jene, die sich mit geistigem Wissen, mit dem Studium der Parapsychologie und der Mystik beschäftigen, vor ungünstigen psychischen Begleiterscheinungen.
Raphael / auch Rafael, Raffael geschrieben	Sein Name bedeutet: „Gott heilt." Cornelius de Lapis vertritt die Meinung, dass „Raphael" ein Seraph ist, da Raphael sich im Buch Tobit als einer der „Sieben" vorstellt, die immer vor „Gottes" Thron stehen. Anhänger des Thomas von Aquin hingegen ordnen Raphael den Platz eines Fürsten des neunten Chores zu, als Meister der Schutzengel. Raphael ist der Engel der Wunderheilungen. Einer anderen Beschreibung zufolge wird Raphael als der Engel der Heilung und der Reise beschrieben, der all jene schützt und führt, die sich auf eine äußere oder auch innere Reise begeben. Er wirkt in höchstem Maß heilend auf alle Lebewesen und inspiriert die Menschen, im Gebet das Gespräch mit Gott zu suchen.
Raschea	Ein Engel der Erdgürtelzone Als Engel der Blumen unterweist er den Eingeweihten in der Blumensprache.
Rashu	Ein Engel der Gerechtigkeit
Ratfiel	Er ist der Engelfürst der göttlichen Offenbarung.
Raueriel	Ein Engel der Musik

Raziel	Er sorgt für die Geheimhaltung der himmlischen Weisheiten und Mysterien. Einer anderen Beschreibung zufolge ist er einer der Erzengel. Mit ihm verbunden ist die Engelordnung der Ophanim (Räder/der hebräische Name für die Engelklasse der Throne). Er ist die Verkörperung der Weisheit Gottes sowie Hüter und Verkünder der Geheimnisse des Lebens. Raziel hat alle diese Geheimnisse in einem umfangreichen Buch von Symbolen und göttlicher Magie niedergeschrieben.
Redel	Er lässt den Bittenden seinen weisen Rat zukommen.
Regaliel	Er begünstigt Fruchtbarkeit und ermöglicht eine sichere Schwangerschaft.
Regerio	Ein Engel der Erdgürtelzone Er hütet und bewacht alle Weisheitsmysterien und öffnet die Pforten nur für den fortgeschrittenen Eingeweihten mit reinem Herzen. Sollte ein Unbefugter zufällig diese Pforte öffnen, so verschließt Regerio diese wieder.
Rehael / auch als Rehahel, Rehaaiel beschrieben	Er ist der 39. Engel der 72 Engel Gottes. „Er übersieht Situationen schnell“ Einer anderen Beschreibung zufolge ist er einer der 72 Engel der Merkur-Zone. Rehael unterweist den Eingeweihten in den Methoden, seinen Körper zu verjüngen und sein Leben zu verlängern. Als Engel der Kinder verhilft er den zukünftigen Eltern zu Kindersegen und unterweist den heilkundigen Eingeweihten in der Diagnose und Behandlung von Kinderkrankheiten. In einer weiteren Beschreibung ist ihm Psalm 30, Vers 11 zugeordnet: „Höre mich, Herr, sei mir gnädig! Herr, sei Du mein Helfer.“
Rehajel	Er schenkt den Menschen Gelassenheit.

Rehel	Er kämpft gegen all jene, die den Religionen gegenüber feindlich eingestellt sind.
Rehetiel	Engelfürst des Wachstums und des Wandels
Reiiel / auch als Reiaiel, Rejajel beschrieben	Er ist der 29. Engel der 72 Engel Gottes. „Er ist die Erwartung" Einer anderen Beschreibung zufolge ist er einer der 72 Engel der Merkur-Zone. Reiiel unterweist den Eingeweihten in den Methoden, sich vor sichtbaren und unsichtbaren Feinden zu schützen. Er macht Feinde zu Freunden. In einer weiteren Beschreibung ist ihm Psalm 54, Vers 6 zugeordnet: „Doch Gott ist mein Helfer, der Herr beschützt mein Leben."
Remiel / auch als Jeremiel beschrieben	Im äthiopischen Henochbuch wird Remiel zu den „Herrlichen Sieben" gezählt. Er hilft den Seelen, sich im materiellen Körper zu verankern und so auf der Erde ihr Leben zu leben. In einer anderen Beschreibung wird er auch als Ramiel, Rumael oder Rumayal beschrieben. Als ein Engel des Mitgefühls kann er uns selber Mitleid empfinden lassen oder bei anderen für uns Mitleid wecken. Als Engel des Karma begleitet er die Seelen vor das Gericht und geleitet sie in den Himmel, nachdem Michael sie auf ihrem letzten Wegstück gewogen hat.
Resethiel	Ein Engel des Wachstums
Rethiel	Als Engel der Beständigkeit schenkt Rethiel uns Durchhaltevermögen und unterstützt uns dabei, unsere Pläne beständig durchzuführen.
Rhamiel	Ein Engel der Barmherzigkeit Er schenkt den Menschen Trost und Zuversicht mit seiner Barmherzigkeit.
Ridia / auch als Riddia beschrieben	Ein Engel des Regens Um langanhaltende Dürren zu verhindern und den langersehnten Regen zu bekommen, betet man zum Engel Riddia.

Ridwan	Nach islamischen Überlieferungen ist Ridwan der Engel, der den Eingang zum Paradies bewacht.
Rifion	Ein Engel, der an der fünften Himmelshalle stationiert ist und diese bewacht.
Rigolon	Ein Engel der Erdgürtelzone Als Engel der Liebeswerbung inspiriert er seine Schützlinge in der Kunst der Liebeswerbung und hilft ihnen dabei, überall beliebt zu sein.
Riguel	Engel des Tanzes und der rhythmischen Bewegungen
Rikbiel	Engel der vier Winde, auch als Prinz der Engel der Merkabah beschrieben.
Rimog	Ein Engel der Erdgürtelzone Er unterweist den Eingeweihten in der Kunst der wahren Prophezeiung.
Riqita	Ein Engel der Erdgürtelzone Als Engel des Gesangs zeigt er seinen Schützlingen, wie sie ihre Stimmen pflegen.
Risnuch	Engel der Landwirtschaft
Rochel / auch als Roehel, Rahael beschrieben	Er ist der 69. Engel der 72 Engel Gottes. „Er schaut auf alle." Einer anderen Beschreibung zufolge ist er einer der 72 Engel der Merkur-Zone. Als Engel der Gerechtigkeit verhilft er seinen Schützlingen dazu, jederzeit ihr Recht zu bekommen. Er unterweist den Eingeweihten in den Methoden, Diebe an der Flucht zu hindern und diese dazu zu bringen, ihr Diebesgut zurückzugeben. In einer weiteren Beschreibung ist ihm Psalm 116, Vers 5 zugeordnet: „Der Herr ist gnädig und gerecht, unser Gott ist barmherzig."
Roelhaiphar	Der Engel, der Schreckliches abwehrt.

Romasara	Ein Engel der Erdgürtelzone Er offenbart den Eingeweihten die Mysterien der Luft und unterweist sie in den Methoden der wahren Atemkunst, des magischen Atmens.
Romiel	Engel der Wöchnerinnen
Roriel	Engelfürst des Schicksalsrades
Rosora	Ein Engel der Erdgürtelzone Als Engel der Akustik inspiriert er die Menschen zu allen Techniken, die eine Verständigung auch über die weiteste Entfernung ermöglichen.
Rotor	Ein Engel der Erdgürtelzone Engel der Phantasie Er inspiriert all jene, die sich mit Märchen und Geschichten befassen, dazu, wahre Begebenheiten in märchenhafte Worte zu kleiden.
Ruchiel	Ein Engel der Winde
Rufael	Ein Engel des Heilens
Ruhiel / auch als Ruahel, Raguel beschrieben	Der dritte Engel der „Herrlichen Sieben" im äthiopischen Henochbuch
Rujiel	Ein Engel der Winde
Rusvon	Dieser Engel besitzt die Schlüssel zum moslemischen Paradies auf Erden.
Saamiel	Engel des Zorns Er hilft den Bittenden, wieder ruhig zu werden und in ihre Mitte zu gelangen.
Saaphiel	Ein Engel der Stürme
Sabaoth	Nach Origenes einer der „Herrlichen Sieben"
Sabrael	Er gehört zu den Regenten der Mächte und soll Leiden lindern können. Laut dem Testament Salomons ist er einer der „Herrlichen Sieben".

Sabtiel	Engel des Wassers und der Quellen Er führt die Suchenden zu den versteckten Wasserquellen oder ist dabei behilflich, Wasseradern zu entdecken.
Sachluph	Engel der Pflanzen
Sadiel	Engel der Kirche
Sagara	Ein Engel der Erdgürtelzone Er unterweist den Eingeweihten in der Führung von Mensch und Tier.
Sahaqiel	Ein Engelwächter des Himmels
Saihjiel	Ein Engel der Erleuchtung
Sailiel	Er ist der Beschützer in der Dunkelheit und führt uns sicher durch die Nacht. Er lindert Ängste jeglicher Art.
Salatiel / auch als Salathiel beschrieben	Ein Engel der Weisheit
Salaziel	Er hilft den Bittenden dabei, die Dinge im Einklang mit dem Göttlichen zu lenken und zu leiten.
Salius	Er ist der Engel, der die versiegelten Türen öffnet.
Salonia	Engel der Meisterschaft Er unterstützt die Wahrheitssuchenden auf ihrem Weg der Meisterschaft.
Samaiel	Engelfürst der göttlichen Strenge
Samandaah	Engel der Herzenswärme und der Zärtlichkeit
Samandiriel	Ein Engel der Fruchtbarkeit In einer anderen Beschreibung wacht Samandiriel über die Phantasie und hilft den Menschen zu erkennen, dass eine lebendige Phantasie ein sehr heilsames Werkzeug ist, um mit Hilfe der Visualisation und der Macht der Gedanken eine alternative Wirklichkeit zu erzeugen.

Samandriel	Beschützer allen Lebens
Samanthiel	Ein Engel der Gerechtigkeit Er hilft den Bittenden in allen Rechtsangelegenheiten.
Sam Hii	„Erschaffung des Lebens" Einer der herrschenden Engel des Polarsterns
Samotiel	Ein Engel der Kommunikation
Samoil / auch als Schemiel, Semiel beschrieben	Er begleitete Henoch auf seiner Reise in den Himmel.
Samuel	Als Engel der Stabilität und des Wohlergehens sorgt er dafür, dass es den Menschen, die ihn darum bitten, gut geht und sie in ihrem inneren Gleichgewicht sind.
Sandalphon / auch Sandalfon, Sandalephon beschrieben	Nach jüdischer Überlieferung ist der Prophet Elija nach seiner Himmelfahrt in Sandalphon verwandelt worden. Seine wichtigste Aufgabe besteht darin, die Gebete der Menschen zu Gott zu tragen, auf dass sie erhört werden können.
Sandaliel	Er hilft den Menschen, die Kraft Gottes zu erleben und auf der Erde weiterzugeben.
Sandiel	Engel der Sanftheit und der Sanfmut
Sapasani	Ein Engel der Erdgürtelzone Er unterweist den Eingeweihten in der Anwendung von Meersalz und in der Kommunikation mit den Wasserwesen.
Sarakiel / auch als Sarkiel, Sarakael, Sariel beschrieben	Ein Engel der Heilung und Lehrer der Hygiene Einer anderen Beschreibung zufolge soll er nach nicht-biblischen Schriften einer der sieben Erzengel sein.
Saraphuel	Er gehört zu den Nothelfer-Engeln. Saraphuel hilft bei Süchten jeglicher Art.
Saraqael	Ein Engel der Mysterien

Sarasi Ein Engel der Erdgürtelzone
Er schenkt den Menschen die notwendige Begeisterung und Ausdauer, um ihre angestrebten Ideale zu erreichen.

Sarga Er ist einer der fünf himmlischen Schreiber, die von Gott damit beauftragt wurden, die zweihundertvier von Ezra diktierten Bücher abzuschreiben. Die anderen vier Schreiber sind Dabria, Seleucia, Ethan (auch als Ecus beschrieben) und Asiel.

Sariel Er führt die Legion der Todesengel an.
In einer anderen Beschreibung wird er als Erzengel beschrieben, der im Buch Henoch als heiliger Wächterengel genannt wird und die Reinheit des Geistes beschützt.

Saris Ein Engel der Erdgürtelzone
Er unterweist den Eingeweihten in der geheimen Ladung von Talismanen und Amuletten durch „Licht".

Sarisee Ein Engel der Erdgürtelzone
Als Engelhüter aller geheimen magischen Schlüssel und Bewacher der Mysterien trägt er Sorge dafür, dass allen Unberufenen auch dann die wahren Mysterien verborgen bleiben, wenn diese gleich vor ihren Nasen liegen.

Satael Ein Engel der Lüfte

Sautiel Ein Engel des Wassers, der all jenen hilft, die in irgendeiner Weise mit Wasser zu tun haben.

Schachlil Ein Engel der Sonne und ihrer Strahlen

Schad Ein Engel der Erdgürtelzone
Ist es im Sinne der göttlichen Vorsehung, dann erleichtert Schad all jenen, die ihn darum bitten, ihre Arbeit hier auf Erden.

Schaddyl 12. Thronengel

Schalgiel	Ein Engel des Winters Er schützt vor jeglichen negativen Wirkungen der winterlichen Naturgewalten.
Schaluach	Ein Engel der Erdgürtelzone Mit Hilfe der Intuition sendet Schaluach den Menschen Rat und Hilfe, auch in den schwierigsten Situationen.
Schaluah	Ein Engel der Erdgürtelzone Er offenbart den Eingeweihten die Elektrizität der Zukunft und unterweist sie in diesem magischen Wissen.
Schamshiel	Ein Engel des Tageslichts
Schawayt	5. Thronengel
Schimschiel	Ein Engel des Tages Engel des Tageslichts und des alltäglichen Rhythmus
Schimuel	10. Thronengel
Schulego	Ein Engel der Erdgürtelzone Als Engel der Nachahmung unterweist er den Eingeweihten in die Kunst der Nachbildung verschiedener Objekte und Inspirationen aus der Natur zum Gebrauch und zur Lebenserleichterung.
Sealiah / auch als Sealjah, Saliah beschrieben	Er ist der 45. Engel der 72 Engel Gottes. „Er ist der Beweger aller Dinge.“ Einer anderen Beschreibung zufolge ist er einer der 72 Engel der Merkur-Zone. Er unterweist den fortgeschrittenen Eingeweihten in den Methoden, all jene sofort zu erkennen und unschädlich zu machen, die sich mit negativen Dingen und dunklen Wesen beschäftigen. Sealiah schützt den Unwissenden vor dunklen Machenschaften. In einer weiteren Beschreibung ist ihm Psalm 94, Vers 18 zugeordnet: „Wenn ich sage: Mein Fuß gleitet aus, dann stützt mich, Herr, Deine Huld.“

Seatiel / auch als Sealthiel, Schealtiel, Salathiel, Salatheel, Sallathiel, Slathiel, Slatiel, Slashiel beschrieben	„Ich habe Gott gefragt.“ „Ich habe ihn von Gott erbeten.“ „Wunsch Gottes“ Er ist der sechste Engel der „Herrlichen Sieben“. Engel des Gebets und der Fürbitte. Seatiel steht vor Gott mit duftendem Weihrauch in seiner Hand und huldigt so ununterbrochen der Heiligen Dreieinigkeit.
Sebhael	Sebhael kümmert sich um all die Bücher, in denen die guten und die schlechten Taten jedes einzelnen Menschen festgehalten werden.
Secabmi	Ein Engel der Erdgürtelzone Als Engel der Wohlgerüche unterweist er den Eingeweihten in der Herstellung wohlriechender, heilender und reinigender Düfte aus den verschiedenen Pflanzen der Erde.
Seeiah / auch als Sahjoh, Saechjah beschrieben	Er ist der 28. Engel der 72 Engel Gottes. „Er nimmt alles Übel fort.“ Einer anderen Beschreibung zufolge ist er einer der 72 Engel der Merkur-Zone. Seeiah unterweist den fortgeschrittenen Eingeweihten in die kraftvollsten Machtformeln der Naturgewalten. In einer weiteren Beschreibung ist ihm Psalm 71, Vers 12 zugeordnet: „Gott, bleibe doch nicht fern von mir! Mein Gott, eile mir zu Hilfe!“
Segosel	Ein Engel der Erdgürtelzone Als Engel der Physik und Chemie unterweist er den Eingeweihten in die Geheimnisse der Materie.
Seheiah	Als Engel der Langlebigkeit schenkt er den Bittenden Schutz gegen Krankheit und Feuer.
Semechel	Ein Engel der Erdgürtelzone Als Engel der Naturheilkunde unterweist er den Eingeweihten in allen bekannten und bisher noch unbekannten Methoden und Techniken der Naturmedizin.

Senekel	Ein Engel der Schrift und des Schreibens
Seneol	Ein Engel der Erdgürtelzone Er beschützt und inspiriert alle Menschen, die sich mit Wassersport jeglicher Art beschäftigen.
Serap	Ein Engel der Erdgürtelzone Er unterweist den Eingeweihten in den Methoden, Freundschaften zu gewinnen und zu erhalten.
Serapanim	Ein Engel des Engelchores der Seraphim Engel der dynamischen Feuerenergie
Seraphel	Engel der Schöpfungskraft und der Kreativität
Seraphiel	Ein Engel des Friedens
Sernpolo	Ein Engel der Erdgürtelzone Er unterstützt den Eingeweihten in dem Erlernen verschiedener Sprachen.
Sesachar	Ein Engel des Lichts
Shalgiel	Als Engel des Schnees schenkt er uns das schöne weiße Wunder in Form von tanzenden Schneeflocken und glitzernden Eiskristallen.
Shamaile	Engelfürst des ewigen Lichts
Shamisel	Engelfürst der Erweiterung und des Wachstums
Shamshiel / auch als Shamsiel beschrieben	Ein Engel des Tageslichts
Shamriel	Engelfürst des göttlichen Willens
Shariel	Engel der Wachsamkeit Engel der Energie Er schenkt den Bittenden Energie, wenn sie müde und erschöpft sind.
Shateiel	Engel der Stille
Shcachlil	Ein Engel der Sonnenstrahlen
Shemael	Ein Engel der Dankbarkeit

Shemiel	Ein Engel des Gesangs
Shetel	Einer der drei Helferengel, denen Gott aufgetragen hat, Adam zu dienen. Die anderen beiden sind Aduachiel und Anush.
Shoftiel	Richter Gottes
Shushienae	Engel der Reinheit Engel der Hoffnung
Sialul	Ein Engel des Wohlstandes
Sibolas	Ein Engel der Erdgürtelzone Er lehrt den Eingeweihten, wie er durch sein äußeres Verhalten sein inneres Wesen spiegelt und dadurch die Wesen anzieht, die ihn in diesem Augenblick in seinem Reifeprozess unterstützen können.
Siges	Ein Engel der Erdgürtelzone Er offenbart den Eingeweihten verschiedene Methoden, mit denen sie ihren Körper jung und gesund erhalten können.
Silion	Ein Engel der Weisheit und der Transformation
Simiel	Ein Engel des Trostes
Sinbuck	Als Engel der Gerechtigkeit unterstützt, schützt und inspiriert er die Richter.
Sipillipis	Ein Engel der Erdgürtelzone Engel des Glaubens Er unterweist den Eingeweihten in den Mysterien des „Glaubens“ und der „Überzeugungskraft“.
Siria	Ein Engel der Erdgürtelzone Er unterweist den Eingeweihten in den geheimen Methoden, um Reichtum, Ehre, Wohlstand und Glück zu erlangen, ohne sein Karma negativ zu beeinflussen.

Sitael / auch als Sitalel, Saitel beschrieben	Er ist der 3. Engel der 72 Engel Gottes. „Engel der Zuflucht und des Vertrauens" Einer anderen Beschreibung zufolge ist er einer der 72 Engel der Merkur-Zone. Sitael lehrt den Eingeweihten, die Vergangenheit, Gegenwart und Zukunft in der Akasha-Chronik zu lesen. In einer weiteren Beschreibung ist ihm Psalm 91, Vers 2 zugeordnet: „Du bist für mich Zuflucht und Burg, mein Gott, dem ich vertraue!" Als Engel-Seraph der Harmonie hilft er den Bittenden dabei, ihre Persönlichkeit, ihrem individuellen Reifegrad entsprechend, aufs Vollkommenste zu entfalten.
Sizuose	Ein Engel der Gebete
Soesma	Ein Engel der Erdgürtelzone Er unterweist den Eingeweihten in der universellen rituellen Magie.
Sofiel	Er inspiriert und schützt all jene, die sich mit der Aufzucht von Pflanzen und Tieren befassen. Einer anderen Beschreibung zufolge ist Sofiel als Buchhalterengel verantwortlich für all das, was über die Seelen – die Inkarnierten und Nicht-Inkarnierten – aufgezeichnet wurde und wird.
Somi	Ein Engel der Erdgürtelzone Er offenbart den Eingeweihten die hohen Mysterien der Liebe.
Soqed Hozi	Ein Engel des Gleichgewichts
Sorath	Ein Engel der Sonne
Sosoel	Engel der tiefen Erkenntnis und des stetigen Wandels
Soteri	Ein Engel der Erdgürtelzone Als Engel der Musikinstrumente, von Anbeginn der Zeit an, inspiriert er jeden Komponisten und jeden Musiker.
Speradiel	Engel der Vorsehung

Spugliguel	Ein Engel des Frühlings Er weckt und belebt den Frühling in all seiner Schönheit.
Stamiel	Ein Engel des Erfolgs und des Sieges
Stamera	Ein Engel der Vergebung
Suriel	„Befehl Gottes" Suriel ist ein Prinz der Gegenwart, ein Heilerengel und ein gütiger Todesengel. Er wurde ausgeschickt, um Moses Seele wiederzubringen. Es heißt, dass Moses all sein Wissen von Suriel erhalten hat (wenngleich auch Zazagel dafür bekannt ist, dass er Moses sein Wissen gab).
Tabbata	Ein Engel der Erdgürtelzone Er unterweist den Eingeweihten in die Handhabung der Energie des Elementes „Feuer".
Tabori	Ein Engel der Erdgürtelzone Er unterweist den Eingeweihten in die Mysterien des Elementes „Wasser".
Tabris	Er bewacht und schützt des Menschen „freien Willen" und des Menschen „Selbstbestimmung". Er hilft den Bittenden dabei, in einer festgefahrenen Situation kreative Alternativen zu erkennen und umzusetzen.
Tadhiel	Ein Engel der Gerechtigkeit Gottes
Tagas	Als Engelsprinz des Klangs und der Musik leitet er die singenden Engel-Chöre.
Tagora	Ein Engel der Erdgürtelzone Als ein Engel der Liebe unterweist Tagora den Eingeweihten in der Kunst, die Sympathie zwischen Mann und Frau zu wecken, die Liebe erblühen zu lassen und bei Ehestreitigkeiten heilend zu vermitteln.

Tahariel Als Engel des Aufstiegs hilft er den Bittenden dabei, ihre Gedanken zu reinigen und zu klären. In einer anderen Beschreibung wird Tahariel als Engel der Keuschheit, Reinheit, Klarheit und Läuterung beschrieben, der von all jenen gerufen wird, die ihre Gedanken, ihre Seele oder ihre Umgebung reinigen und läutern möchten. Tahariel wird meist von Priestern, die im Zölibat leben, angerufen, um ihren Willen bei diesem Vorhaben zu stärken.

Takarosa Ein Engel der Erdgürtelzone
Er unterweist den Eingeweihten in der Elemente-Magie.

Taliahad Engel des Wassers. Engel der physischen Kraft und Sicherheit auf Reisen und beim Sport
Einer anderen Beschreibung zufolge ist Taliahad der Engel des Kelchs und ein Engel der Einsicht. Er behütet und beschützt die Arbeit mit den Mysterien des heiligen Kelchs.

Tanael Er beschützt alle Kinder und alle heranwachsenden Wesen.

Tapum Ein Engel der Erdgürtelzone
Er unterweist den Eingeweihten in die Kunst der erfolgreichen Werbung jeglicher Art.

Tarato Ein Engel der Erdgürtelzone
Er unterweist den Eingeweihten in den Gesetzen des Wetters.

Tardoe Ein Engel der Erdgürtelzone
Er ist den Eingeweihten dabei behilflich, ihre individuellen Talente aufs Vollkommenste zu entfalten. So fördert er auch künstlerische und schriftstellerische Fähigkeiten.

Tariel Er ist einer der drei Sommerengel. Die anderen sind Gargatel und Gaviel. Er schenkt den Bittenden die Energie der Lebensfreude des Sommers.

Tarosiel	Als Engel der Tugend sendet Tarosiel allen Menschen in den Momenten der größten Versuchung die Erinnerung an die göttlichen Tugenden.
Tarquam	Ein Engel der Jahreszeit Herbst
Tarwan	Einer der zehn Engel, die die Sonne auf ihrem täglichen Kurs begleiten.
Tattwaiel	Engel des inneren Gleichgewichts und der Balance Er schenkt den Bittenden, Harmonie und Lebensfreude.
Tedea	Ein Engel der Erdgürtelzone Er unterweist den heilkundlerisch tätigen Eingeweihten in der Kunst der vollkommenen Diagnose und der Heilung von Krankheiten auf allen Ebenen des Seins.
Tehom	2. Thronengel
Teiaiel	Laut Kabbalah ist Teiaiel ein Engel, der die Zukunft vorhersagen kann. Er ist ein Thronengel, kontrolliert Meeresexpeditionen und ebenso geschäftliche Spekulationen. Einer anderen Beschreibung zufolge ist Teiaiel ein Engel der Obstbäume und der Früchte.
Teliel	Ein Engel der Natur
Temeluch / auch als Temeluchos, Temlakos, Teleyakos beschrieben	Es heißt, dass Temeluch sich um die Seelen verstorbener, abgetriebener und ausgesetzter Kinder kümmert und sie ins Paradies führt. Wenn die Seelen der Eltern nach ihrem Tod eintreffen, konfrontiert Temeluch sie mit ihren Taten.
Teoael	Teoael gehört zu dem Engelchor der Throne. Er wird oft gebeten, Geschäfte abzusegnen, damit diese ein vollkommener Erfolg werden.
Terathel	Terathel gehört zu dem Engelchor der Fürstentümer. Als Engel der Freiheit kümmert er sich um die Freiheit des Individuums und um die Entwicklung der Zivilisation.

Tetra	Als Engel der Wunscherfüllung wird Tetra bei magischen, rituellen Gebeten angerufen, um die Wünsche des Bittenden zu erfüllen.
Texai	Ein Engel der Erdgürtelzone Er unterweist den Eingeweihten in die Mysterien und die Zusammenhänge aller irdischen Religionen.
Tezalel	Als Engel der Treue kann man ihn darum bitten, den Partner/die Partnerin stets an die Tugend der Treue zu erinnern.
Tharsis	Er hilft den Bittenden, die verschiedenen Wahlmöglichkeiten in ihren Leben und die Konsequenzen ihrer Lebensentscheidungen anzuerkennen und anzunehmen.
Thartharaoth	Ein Engel der Emotionen, der Gefühle
Thauthabath	Ein Engel der Kraft Gottes
Thegrie	Ein Engel der zahmen Tiere
Theliel	Ein Engel der Liebe Er wir oft darum gebeten, die oder den ersehnten Geliebten in das Leben des Bittenden zu bringen. Theliel hilft auch bei Liebeskummer.
Therotiel	Ein Engel des Mitgefühls
Thirana	Ein Engel der Erdgürtelzone Er unterweist er den fortgeschrittenen Eingeweihten in den Mysterien der Fortpflanzung und der Genetik.
Thronus	1. Thronengel
Tiel	Einer der Engel, die die Pforten des Nordwindes beschützen und bewachen.
Tigrapho	Ein Engel der Erdgürtelzone Er beschützt und inspiriert all jene, die mit Architektur und Baukunst zu tun haben.

Timiran Ein Engel der Erdgürtelzone
Er unterweist den Eingeweihten in den Gesetzen der Harmonie.

Tiriel Kundschafter Gottes

Tirsiel Ein Engel der fließenden Gewässer

Tmako Ein Engel der Erdgürtelzone
Er unterweist den Eingeweihten in den Mysterien der Transmutation.

Tmiti Ein Engel der Erdgürtelzone
Er offenbart nur den ethisch reifen Eingeweihten die geheimen Anwendungsmethoden der planetarischen Kräfte.

Tolet Ein Engel der Erdgürtelzone
Er unterweist den Eingeweihten in die Kenntnisse der Gesunderhaltung durch eine sinnvolle Ernährung.

Torquaret Ein Engel des Herbstes

Trapi Ein Engel der Erdgürtelzone
Er ist den Bittenden dabei behilflich, leichter mit Schicksalsschlägen und Enttäuschungen in Bezug auf Liebe und Freundschaft umzugehen.

Trasorim Ein Engel der Erdgürtelzone
Er unterweist den heilkundlerisch tätigen Eingeweihten in die bekannten und bislang noch unbekannten Behandlungsmöglichkeiten von Licht und Farben.

Trgiaob Er schützt alle wilden Vögel. Die Menschen können zu Trgiaob beten, damit er alle Vögel vor dem Aussterben, vor Verunreinigung und vor der Zerstörung ihres Lebensraumes bewahrt.
Einer anderen Beschreibung zufolge ist er der Engel der Kriechtiere und Engel der Wildhüter.

Trisacha	Ein Engel der Erdgürtelzone Er unterweist den fortgeschrittenen Eingeweihten in die Kunst des Sehens über Zeit und Raum hinweg.
Trsiel	Er bewacht und kontrolliert alle Flüsse.
Tumiel	Engelfürst der Mysterien
Turiel	Als Engel der Weisheit unterrichtet er all jene, die ihn darum bitten, in der göttlichen Weisheit.
Turmiel	Einer der zahlreichen Engel, die die Tore des Westwindes beschützen und bewachen.
Tutiel	Ein Engel der Reinigung und der Erneuerung
Tzadiquel	Als Engel des Karma hilft er dabei, wenn es für ein Leben wichtig ist, sich an frühere Inkarnationen zu erinnern.
Tzadkiel	Engel der göttlichen Gerechtigkeit
Tzaphiel	Er ist einer der Regenten des Engelchores der Throne.
Tzaphkiel	Ein Engel des Todes
Tzaphqiel / auch als Tzaphquiel beschrieben	Sein Name, auf einem Amulett geschrieben, soll vor allem Bösen schützen.
Tzedeqiah	Als Engel des Erfolgs bringt er all jenen, die ihn darum bitten und denen es die göttliche Vorsehung erlaubt, Ehre, Ruhm, Reichtum und Glückseligkeit.
Ugali	Ein Engel der Erdgürtelzone Er unterweist den ethisch reifen Eingeweihten in die geheimsten Lehren der höchsten Weisheiten.
Ugefor	Ein Engel der Erdgürtelzone Er offenbart den fortgeschrittenen Eingeweihten jedes verstandesmäßig erfassbare Wissen.
Ugirpon	Ein Engel der Erdgürtelzone Er unterweist den Eingeweihten in der Astrophysik.

Ugolog
Ein Engel der Erdgürtelzone
Er unterweist den Eingeweihten in den verschiedenen Methoden, direkt in der Akasha – Chronik zu lesen.

Umabel / auch als Vemibael beschrieben
Er ist der 61. Engel der 72 Engel Gottes.
„Es ist der Name, der über allem ist."
Einer anderen Beschreibung zufolge ist er einer der 72 Engel der Merkur-Zone. Umabel ist der Engel, der die größte Weisheit vermitteln kann.
In einer weiteren Beschreibung ist ihm Psalm 113, Vers 2 zugeordnet: „Der Name des Herrn sei gepriesen von nun an bis in Ewigkeit."

Umbarim
Ein Engel der Erdgürtelzone
Er unterweist den Eingeweihten in der Herstellung und in der energetischen Ladung von Liebes- und Freundschaftsamuletten.

Urgivoh
Ein Engel der Erdgürtelzone
Er unterweist den Eingeweihten in der Kunst, mittels Sympathie Beliebtheit und Erfolg zu erreichen.

Uriel
Sein Name bedeutet „ Gott ist Licht."
Uriel, auch als Phanuel bekannt, wird in der Bibel nicht namentlich genannt, jedoch im ersten Buch Henoch, welches heute zu den Apokryphen zählt, als vierter Engel erwähnt. Er gilt als einer der Seraphim, die ständig Gott umgeben.
Er inspiriert die Menschheit an Wendepunkten und leuchtet dem Suchenden den Weg in der Finsternis. Er ist der Hüter des physischen Körpers und geleitet die Verstorbenen zum Jüngsten Gericht. Außerdem ist er der Vorsteher der Hölle und verwahrt die gefallenen Engel.

Uriel	Einer anderen Beschreibung zufolge entfacht sein Licht die wahre Gottesliebe, die den Menschen vorandrängt, um in Gott zu erwachen. In einer weiteren Beschreibung wird er auch namentlich als Nuriel, Uryan, Jeremiel, Vretil, Suriel, Puruel, Phanuel, Jehoel, Israfel, Jacob-Israel beschrieben. Als Engel der Literatur und der Musik verleiht Uriel den Menschen die Gabe des kreativen Feuers und die Macht zu prophezeien. Uriel ist der Engel der Transformation, der Erzengel der Erlösung, der Regent der Sonne, der "Aufpasser" des Tartarus, und er ist der Geist des frommen Dieners und des Friedens. Er hilft all jenen, die ihn darum bitten, ihre schlimmsten Enttäuschungen in den größten Segen zu verwandeln.
Usalim	Ein Engel, der alle heiligen Orte beschützt und verwaltet.
Uzziel / auch als Usiel beschrieben	„Stärke Gottes", „Auge Gottes" In einigen Schriften wird er zu den „Herrlichen Sieben" gezählt. Er zählt ebenso zu den neun Engeln, die über die vier Winde herrschen. Er ist auch als ein Engel der Barmherzigkeit bekannt. Die Wahrheitssuchenden können Uzziel darum bitten, sie mit Vertrauen zu segnen, dann wird ihr spirituelles Wachstum beschleunigt und ihr Herz mit Frieden erfüllt. Als Engel des Glaubens führt er tief in die Wahrheit von Glaubensvorstellungen ein, er stärkt auch den Glauben an sich selbst.
Vahaviah / auch als Vehuiah, Vehuja beschrieben	Er ist der 1. Engel der 72 Engel Gottes. „Gott, der begeistert." Einer anderen Beschreibung zufolge ist er einer der 72 Engel der Merkur-Zone. Er lehrt und bestärkt die Eingeweihten darin, in ihrem Glauben so fest zu sein wie ein Fels in der Brandung, so dass Wunder möglich sind.

Vahaviah / auch als Vehuiah, Vehuja beschrieben	In einer weiteren Beschreibung ist ihm Psalm 3, Vers 4 zugeordnet: „Du aber, Herr, bist ein Schild für mich, Du bist meine Ehre und richtest mich auf.“
Valoel	Ein Engel des Friedens Valoel hüllt den Bittenden in seine Flügel der gelassenen Heiterkeit ein und füllt sein Herz mit Ruhe und Zufriedenheit.
Vasariah / auch als Vasarjah, Veshiriah beschrieben	Er ist der 32. Engel der 72 Engel Gottes. „Er ist aufgerichtet, aufrecht.“ Einer anderen Beschreibung zufolge ist er einer der 72 Engel der Merkur-Zone. Vasariah unterstützt die Eingeweihten in der Vervollkommnung ihres Rednertalents und hilft seinen Schützlingen stets dabei, ihr Recht zu bekommen. In einer weiteren Beschreibung ist ihm Psalm 33, Vers 4 zugeordnet: „Denn das Wort des Herrn ist wahrhaftig, all Sein Tun ist verlässlich.“
Vavaliah / auch als Veubiah, Veualjah beschrieben	Er ist der 43. Engel der 72 Engel Gottes. „Er ist Herrscher und König.“ Einer anderen Beschreibung zufolge ist er einer der 72 Engel der Merkur-Zone. Er unterweist den Eingeweihten in der Herstellung und der energetischen Ladung von speziellen Schutztalismanen, die jeden Soldaten auch im Krieg vor seinen Feinden schützt. Desweiteren lehrt er seine Schüler, auch große Wunden augenblicklich zu verschließen. In einer weiteren Beschreibung ist ihm Psalm 88, Vers 14 zugeordnet: „Herr, darum schreie ich zu Dir; früh am morgen tritt mein Gebet vor Dich hin.“
Vehooel / auch als Vehuel beschrieben	Er ist der 49. Engel der 72 Engel Gottes. „Er ist stolz und groß“

Vehooel / auch als Vehuel beschrieben	Einer anderen Beschreibung zufolge ist er einer der 72 Engel der Merkur-Zone. Er unterweist den Eingeweihten in der Kunst der Weissagung und in den Methoden, in der Aura eines Lebewesens zu lesen. In einer weiteren Beschreibung ist ihm Psalm 145, Vers 3 zugeordnet: „Groß ist der Herr und hoch zu loben, Seine Größe ist unerforschlich.“
Volman	Ein Engel der Erdgürtelzone Er unterweist den Eingeweihten in den Mysterien des Lichtes und deren Anwendung bis hin zur Glückseligkeit.
Vretil / auch als Vrevoli, Vrevoil, Bretil, Pravuli beschrieben	Vretil hütet und bewacht den Schatz der Heiligen Bücher. Er führt das Buch des Lebens mit allen guten und schlechten Taten eines jeden Menschen.
Weatta	Engel des Siegels
Wermut	Name des Engels, der am Ende der Zeit als Stern vom Himmel fällt und das Wasser bitter macht.
Wotariel	Engelfürst des göttlichen Trostes
Xathanael	Ein Strafengel
Yabbashael	Einer der sieben Engel, die die Welt regieren.
Yahel	Er öffnet Schlösser, Türen und deckt Geheimnisse auf. Einer anderen Beschreibung zufolge ist er der 8. Thronengel.
Yahriel	Er gehört zu dem Engelchor der Herrschaften, genauer zu den Kyriotes, den Engeln der reinen Gnade.
Yarashiel	Einer der zahlreichen Engel, die die Tore des Ostwindes hüten und bewachen.
Yashiel	Er fördert die Geschäfte und die Karriereerfolge all jener, die ihn darum bitten.

Ybario Ein Engel der Erdgürtelzone
Als Hüter der göttlichen Gerechtigkeit trägt er Sorge dafür, dass negative Entwicklungen sogleich neutralisiert werden, um die Harmonie in allen Sphären zu erhalten.

Ychniag Ein Engel der Erdgürtelzone
Er unterweist den Eingeweihten in den Methoden, ihre Intuition zu vervollkommnen und wie sie durch die göttlichen Tugenden ihren Verstand erleuchten können.

Yefefiah „Göttliche Schönheit“
Er weihte Moses in die Mysterien der Kabbalah ein.

Yehudiah Ein Engel der Trauer
Yehudiel geleitet die Seele unseres geliebten Menschen sicher in das Paradies.

Yeliel Engel der Freude und der Kommunikation

Yephiel Der Name Yephiel, auf ein Amulett geschrieben, soll alles Böse vertreiben.

Ygarimi Ein Engel der Erdgürtelzone
Er unterweist den Eingeweihten in der Kunst, die Wirkungen der menschlichen Gedanken, Gefühle und Handlungen sowie deren Auswirkungen in der Akasha-Chronik zu erkennen und zu verstehen.

Ygilon Ein Engel der Erdgürtelzone
Als Engel der Schrift und Sprache unterweist er den Eingeweihten in der Entzifferung uralter Schriften, Schriftzeichen und Wandmalereien.

Ylemis Ein Engel der Erdgürtelzone
Er offenbart den ethisch reifen Eingeweihten die Mysterien der göttlichen Liebe.

Yomael Engelfürst des siebten Himmels, der den Menschen emporhebt in sein wahres Zuhause.

Yparcha	Ein Engel der Erdgürtelzone Er gewährt den fortgeschrittenen Eingeweihten eine Blick in die Zukunft der technischen Erfindungen.
Yraganon	Ein Engel der Erdgürtelzone Er unterweist den Eingeweihten in allem, was mit „Metall" zu tun hat, und verhilft ihm zu beruflichem Erfolg.
Yromus	Ein Engel der Erdgürtelzone Er unterweist den Eingeweihten in der Verarbeitung verschiedener Kräuter und Wurzeln zu Heilmitteln.
Yrouel	Engel der Ehrfurcht Sein Name steht auf Amuletten, die von Frauen während der Schwangerschaft getragen werden.
Yruel	Engel der Furchtlosigkeit Auch sein Name wird gerne auf ein Amulett geschrieben und während der Schwangerschaft getragen.
Ysquiron	Ein Engel der Erdgürtelzone Er lehrt den ethisch reifen Eingeweihten, die wundertätigen göttlichen Tugenden zu unterscheiden und zum Wohle aller anzuwenden.
Yura	Ein Engel des Lichtes und des Regens
Yurkami	Ein Engel des Hagels
Yurkemi	Er gilt ebenfalls als ein Engel des Hagels, aber auch als ein Engel des Mitgefühls und der Barmherzigkeit.
Yushamin	Ein Engel der Fruchbarkeit
Zaafiel	Ein Engel des Regens Engel der Selbstbeherrschung

Zacharel	Als Engel der Hingabe schenkt er den Bittenden Stärke und physische Kräfte. Zacharel hilft seinen Schützlingen dabei, sich voll und ganz der Liebe Gottes hinzugeben, auch dann, wenn sie wütend, traurig oder enttäuscht sind
Zadkiel / auch als Satqiel, Tzadkiel, Zadakie, Zedekiel, Zadakiel, Zidekiel beschrieben	„Gottes Rechtschaffenheit“, „Gerechtigkeit Gottes“ „Der Tröster Gottes“ Der Engel des Trostes, der Mildtätigkeit, der Sanftheit, des Mitgefühls, der Vergebung und der Transformation Er zählt zu den sieben Erzengeln.
Zafiel	Ein Engel des Regens
Zafkie	Engel der Vernunft
Zafrire	Die Engel des Morgens
Zagol	Ein Engel der Erdgürtelzone Er unterweist den Eingeweihten in die Mysterien der kosmischen Himmelsgewölbe.
Zagriona	Ein Engel der Erdgürtelzone Er inspiriert alle schriftstellerisch tätigen Eingeweihten sowie auch alle Lehrenden und verhilft ihnen zu großem Erfolg.
Zagzagel	„Göttliche Pracht“ Ein Engel der Weisheit. Er lehrt seine Schützlinge, wie sie nach innen horchen und sehen können.
Zagzaguel	Ein Engel des göttlichen Rechts
Zahariel	Er hilft den Bittenden dabei, Versuchungen zu widerstehen.
Zahaquiel	Engelfürst des vierten Himmels
Zakkiel	Der Engel, der die Stürme beherrscht.
Zalbesael	Ein Engel des Regens. Er kontrolliert die regnerische Jahreszeit.

Zalbeseel / auch als Zelebsel, Zelebseel, Zelbesse beschrieben	„Dies ist das Herz Gottes.“ Ein Engel, der die Gestirne lenkt.
Zalones	Ein Engel der Erdgürtelzone Er unterweist den Eingeweihten darin, wie er den Weg der vollkommenen göttlichen Erkenntnis gehen kann, ohne seine Individualität zu verlieren.
Zaphkiel / auch als Zafkiel beschrieben	„Betrachter Gottes“, „Anbetung Gottes“, „Wissen Gottes“ Er befindet sich in ständiger Betrachtung Gottes. Zusammen mit den 12 Weisen (den Hütern des Karmas) und den 12 Richtern (den Hütern der Göttlichen Ordnung) verkörpert er die leitenden Kräfte des Universums. Diese Wesenheiten, zusammen mit den Thronen, leiten den Weg der Menschen durch die Inkarnationen. Einer anderen Beschreibung zufolge ist Zaphkiel ein Engel der Betrachtung, der die Meditierenden dabei unterstützt, in einen tiefen Meditationszustand zu gelangen.
Zavael	Ein Engel, der die Wirbelstürme kontrolliert und beherrscht.
Zawar	7. Thronengel
Zeael	Ein Engel der Bücher
Zechiel	Er schenkt den Bittenden Glück, Harmonie und Freude.
Zelebsel	Ein Engel des Regens
Zerachiel / auch als Araqael beschrieben	Im äthiopischen Henochbuch zählt er zu den „Herrlichen Sieben“.
Zerosiel	Ein Engel der Klarheit Er hilft den Bittenden dabei, Depressionen und alle negativen Gefühlsstimmungen aufzulösen.

Zeriel / auch als Zuriel beschrieben	„Gott ist mein Felsen" Er ist einer der siebzig Amulettengel für das Kindbett.
Zethar	Ein Engel der Unsterblichkeit Er ist auch einer der Engel, der dabei hilft, alle Verwirrung und das Durcheinander zu ordnen.
Zikiel	Einer der beiden Engel der Kometen, Meteoriten und Sternschnuppen.
Ziquiel	Einer der beiden Engel der Kometen, Meteoriten und Sternschnuppen.
Zuphlas	Er ist der Schutzengel der Wälder und Bäume.

Es gibt noch viele Namen mehr, aus vielen verschiedenen Quellen, aus fast unzähligen Auflistungen in verschiedenen alten und neuen Schriften. In Büchern und auf Internetseiten sind sie zu finden, in verschiedenen Beschreibungen und Deutungen. Diese alle aufzuzeigen, würde den Rahmen dieses Buches sprengen, deshalb habe ich nur einige Beispiele aufgegriffen.

Hier noch zwei weitere Beispiele sehr unterschiedlicher Darstellungen:
Archonten:
I. Erschaffende Engelsherren des Ildabaoth-Jehovah (der Genius des Saturn)
II. Oberste Anführer der Dämonen. In den Schriften der Gnosis wird ihnen Hochmut und Grausamkeit zugeschrieben.

Argui:
I. „Licht". Ein Engel, der den Berg Ernio hütet.
II. „Licht". Nächtlicher Totengeist, der beim Berg Ernio wohnt. Nächtliche Begegnungen mit ihm bringen den Tod.

Es ist viel Unterschiedliches über Engel geschrieben worden, aus den verschiedensten Blickwinkeln. Für mich war es hilfreich, meiner eigenen Intuition und den selbst erlebten Erfahrungen zu vertrauen.

Zum Schluss hier nun zwei Beispiele für sehr ausführliche, aber auch umstrittene Engel-Namenlisten und Beschreibungen:

Franz Bardon, Okkultist, *1.Dezember 1909 in Katherein bei Troppau, heute Tschechien, , † 10. Juli 1958 in Brünn, in der damaligen Tschechoslowakei, beschreibt sehr ausführlich in seinem Buch „Die Praxis der magischen Evokation" u. a. die 28 Genien der Mondsphäre, 45 Genien der Sonnensphäre, die 360 Vorsteher der Erdgürtelzone und die 72 Genien der Merkur-Zone. *(Für mich persönlich weisen diese 72 Genien der Merkur-Zone sehr viele Ähnlichkeiten mit den 72 Engel-Namen in der Kabbalah auf.)*

Es gibt auch hier die Kritik, dass das Werk Bardons fehlerhaft sei, da verschiedentlich Unstimmigkeiten auffällig seien. Laut Emil Stejnar, einem bekannten österreichischen Bardonisten, hat F. Bardon die Namen der von ihm beschriebenen Engel nach einem einfachen Geheimcode verschlüsselt, bevor er diese an seine Freunde übermittelte. Leider verstarb Bardon, bevor er diesen Schlüssel weitergegeben hatte. Als Stejnar mit den Intelligenzen der Mond-, Sonnen-, und Erdgürtelsphäre arbeitete, bemerkte er, dass es sich um Genien handelt, deren Namen schon in alten magischen Standardwerken, wie z.B. Agrippa und Abramelin, angegeben wurden.

Durch Anwendung des Verschlüsselungscodes konnte er weiterhin nachweisen, dass die Namen der Genien der Sonnensphäre mit den Namen von Fixsternen übereinstimmen.

Für mich persönlich ist die Arbeit mit seinem Werk eine sehr spannende Erfahrung gewesen!

Die Tirolerin Gabriele Bitterlich, *1896 – †1978, gründete 1961 das *Engelwerk*, dem anfangs ein Kreis katholischer Priester angehörte. Die streng gehüteten und zum Teil geheimen Schriften der Gabriele Bitterlich bilden die Grundlage für die Lehre des *Engelwerkes*. Jeder Mensch hat einen persönlichen Schutzengel, dem er sich weiht, und mehrere Geleitengel, die über schwierige Lebenssituationen hinweghelfen. G. Bitterlich beschreibt Namen, Aussehen, Attribute und Aufgaben von über dreihundert Engeln. Die Engelschar unterteilt sie in neun Chöre, die jeweils in drei Hierarchien gegliedert sind. Jeder Engel hat, laut G. Bitterlich, einen dämonischen Gegenspieler. Diese Schriften sind jedoch ebenfalls sehr umstritten. In dem Zusammenhang hat der Vatikan bereits 1983 und verstärkt seit 1992 die Verwendung dieser Schriften verboten, ebenso den Gebrauch der nicht-biblischen Engelnamen, die Engelweihen und die Schweigeversprechen. Die Privatoffenbarung wird nicht anerkannt!

Schlusswort

Hatte ich nun den Engel finden können, den ich im Januar 2000 sehen durfte? Nein! Machte es für mich nun einen Unterschied, alle diese verschiedenen Gedanken, Erlebnisse, Überlieferungen gelesen zu haben? Ja! Die Suche nach den Engeln hat mich sehr bereichert. Die Suche nach möglichst vielen Informationen hat mir die Möglichkeit geschenkt, meine Wahrnehmung und meinen Blickwinkel in verschiedene Richtungen zu wenden, die Dinge auch einmal aus einem anderen Standpunkt zu betrachten. Ich kann mit meinem menschlichen Verstand das gesamte Universum, die übergeordneten Zusammenhänge der Geschehnisse ohnehin nicht erfassen! Ein jeder von uns erhascht einen Blick auf das vor uns liegende Bild aus der Position, in der wir uns zu diesem Zeitpunkt befinden, geprägt durch unsere eigenen Erfahrungen und Erlebnisse.

Wir alle betrachten unsere Welt mit und durch unsere eigenen Augen. Jeder hat seine Sichtweise der Dinge, aus den jeweiligen Blickwinkeln heraus, auf etwas Bestimmtes gerichtet, entstanden aus den jeweils eigenen Erlebnissen, Erfahrungen, Wünschen, Träumen oder Ängsten. Und das ist völlig in Ordnung. Erlebnisse anderer Menschen sind mir zuerst einmal fremd, da sie nicht meine sind. Ich kann diese für mich ungewohnte Betrachtungsweise annehmen, ablehnen oder einfach nur so stehen lassen und diese zu einem späteren Zeitpunkt noch einmal betrachten. Meiner Meinung nach gehört dazu Achtung, Respekt und Toleranz. Wenn ich nicht in der Lage bin, meinem Mitmenschen diese entgegenzubringen, was wird dann wohl geschehen?

Weiterhin ist sicherlich die Betrachtungsweise wichtig, aus welchem Anliegen heraus wir uns mit bestimmten Themen beschäftigen und auf welcher emotionalen und spirituellen Entwicklungsstufe wir uns zu diesem Zeitpunkt befinden. Wir alle gehen mit unterschiedlichen Emotionen an ein Thema heran, sei es aus wissenschaftlicher Sicht, aus spirituellen Gesichtpunkten, weil es eine schulische Verpflichtung ist oder einfach nur aus Neugier. Ebenso entscheidend bei der Betrachtung ist, ob wir uns öffnen können für die Wunder, die der Himmel für uns bereithält.

Zu unserer individuellen Auswertung des Erfahrenen (egal aus welcher Quelle) kommt noch die individuelle Auffassungsgabe eines Menschen dazu. Die Möglichkeit, seine eigene Realität der Dinge zu erfassen, die sich aus dem eigenen Erleben auf dem bisherigen Lebensweg herausgebildet hat. Nehmen wir einmal das Wort „Freiheit". Dieses Wort kann für unzählige Menschen, in unterschiedlichen Lebenssituationen, ganz unterschiedliche Bedeutung haben. „Freiheit" kann z.B. bedeuten: Die Schule zu beenden, - sich aus einer unbefriedigenden Beziehung zu lösen, - aus dem Gefängnis entlassen zu werden, - endlich in die erste eigene Wohnung zu ziehen, - auf eine Insel auszuwandern, - Urlaub, Sonne, Strand, Meer, - usw. Betrachten zehn Menschen dasselbe Bild, so setzt ein jeder seine individuellen Prioritäten, es fallen unterschiedliche Dinge auf, und das Farbempfinden kann ebenfalls abweichend sein. Lässt man nun diese zehn Personen dasselbe Bild beschreiben, so bekommen wir zehn abweichende Beschreibungen.

Es ist mir bewusst geworden, mein Erlebnis nicht mit denen anderer zu vergleichen, sondern es als das anzunehmen, was es ist - mein Erlebnis. Mein wunderbares Erlebnis, das mich dazu antrieb, mehr über die Welt der Engel zu erfahren. Mich auf einen Weg zu begeben, den ich vorher zu gehen nie gedacht hätte. Auf diesem Weg durfte ich genauso viel über mich lernen wie über das Zusammenspiel der Menschen untereinander, über die vielen Rollen, die ein jeder von uns innerhalb einer Gruppe spielt, um dazuzugehören, um anerkannt zu werden, um geliebt zu werden.

Öffnen wir unsere Sinne für die Möglichkeit einer Begegnung mit der mystischen Welt der Engel sowie für die Welt der Naturgeister, der Elfen und der Feen, dann öffnen wir unser Herz den Wundern und dem Staunen, den Emotionen, die uns wieder mit der Natur, mit Werten, Tugenden und mit uns selbst in Berührung bringen können. Vielleicht gelingt es uns dann wieder, den Blick auf das Wesentliche zu lenken.

Wenn ich davon ausgehe, dass die Engel, wie im Alten Testament beschrieben, eine Erscheinungsform „Gottes" darstellen, dann war ich vielleicht gar nicht auf der Suche nach den Engeln, sondern auf der Suche nach GOTT. Nach dieser selbstverständlichen Nähe, wie ich sie als Kind erlebt hatte. Vielleicht sind wir letztendlich alle auf der Suche nach GOTT.

Erhalten Sie sich einen Sinn für das Wunderbare in Ihnen.
Die allumfassende Wahrheit erfahren wir,
wenn wir nach unserer irdischen Zeit
die Reise in das Reich Gottes,
oder wie auch immer Sie IHN nennen möchten,
antreten werden.

Quellenhinweis:

„Die Bibel“
„Lexikon der Engel“, Albert J. Urban; Voltmedia GmbH, 2005, Paderborn
„Die Engel unsere himmlischen Helfer“, Anne Bernet, 1998, Parvis Verlag
„Die Praxis der magischen Evokation. Anleitung zur Anrufung von Wesen uns umgebender Sphären“, Franz Bardon, Bauer Verlag, Freiburg 1995
„Der Schlüssel zur wahren Kabbalah“, Franz Bardon, Rüggeberg-Verlag Wuppertal 2002
„Jeder hat seinen Schutzengel“, Robert Bamp, Betzel Verlag 2003
„Das große Buch der Engel, Namen, Geschichten, Rituale“, Jeanne Ruland, Schirner Verlag, Darmstadt 2008
„Pater Pio von Pietrelcina“, Ingrid Mahlzahn, Grasmück Verlag, Hanau 2002
„Schick mir deinen Schutzengel“, P. Alessio Parente, Verlag Padre Pioda Pietrelcina, San Giovanni Rotondo 2003
„Fra Elia - der Engel mit den Wundmalen Christi“, Fiorelle Turolli, Grasmück Verlag, Hanau 2004
„Pater Lamy – Ein Apostel und Mystiker für die Welt von morgen“, Dr. Paul Biver, Theresia-Verlag, 1994
Mechthild Thaller-Schönwerth „Die Vertraute der Engel“, Irmgard Hausmann, Miriam-Verlag, Jestetten 2007
„Botschaften der Engel für das ganze Jahr“, Angela McGerr, Koha Verlag, Burgrain 2006
„Die Welt der Engel bei Hildegard von Bingen“, Heinrich Schipperges, Verlag Herder, Freiburg 1995
„Engel“, Francis Melville, Bassermann Verlag 2006
„Ein Büchlein von den Engeln“ Friedrich von Lama, Christiana Verlag, Stein a. Rh. 2003

„Lexikon der Heiligen“, Erhard Gorys, Deutscher Taschenbuch Verlag, Frankfurt 1997
„Lexikon esoterischen Wissens“, Nevill Drury, Knaur Verlag, München 1988
„Engelsprechstunde“, Maria W.M. Schmitt, Kösel Verlag, München 2007